SABRINA



Gundula Steinert

# Strickschule

Grundlagen
Techniken
Modelle

OZ creativ
LANA GROSSA

# Vorwort

## *Liebe Leserinnen, liebe Leser,*

*vielleicht fragen Sie sich: Warum soll ich selber stricken? Unser Alltag ist hektisch, die Zeit knapp.*

*Jeder will bei allem, was er tut, schnell zu einem Ergebnis kommen. Modisches in Handstrickoptik gibt es überall zu kaufen. Das klingt alles nach Argumenten gegen das Stricken – aber genau das sind die Gründe dafür.*

*Leisten Sie sich in unserer schnelllebigen Zeit den Luxus von Mußestunden für dieses schöne, kreative Hobby. Sie werden merken, wie es entspannend zu Ihrem eigenen Wohlgefühl beiträgt. Nicht nur das Ergebnis, sondern der Weg dahin, mit seinem schöpferischen Tun und der Freude daran, etwas selbst herzustellen, sollte Ihnen wichtig sein. Auf diesem Weg wird Sie dieses Buch begleiten.*

*Wenn Sie Strickeinsteiger sind, seien Sie geduldig mit sich, üben Sie die ersten Schritte, bis Sie mit dem Ergebnis zufrieden sind. Fangen Sie mit einfachen Modellen an. Schon bald werden Sie merken, wie Ihnen das Stricken flott von der Hand geht. Auch versierte Strickerinnen werden*

*noch so manch guten Tipp zu speziellen Themen in diesem Buch finden. Nutzen Sie es für sich als Stricklehrbuch oder Nachschlagewerk, verschenken Sie es und empfehlen Sie es weiter.*

*Stricken ist Trend! Die junge Generation greift diesen auf und besinnt sich wieder auf diese alte, vielseitige Technik. Wir haben mit diesem Buch die Chance diese zu vermitteln. Selbst Promis (nicht nur weibliche!) outen sich als begeisterte Stricker zu jeder Gelegenheit. Auch Sie können damit Wartezeiten überbrücken oder auf Reisen stricken, beim Fernsehen oder Radio hören, allein oder in Gesellschaft. Dabei haben Sie jedes Mal bewusst entspannt und etwas Eigenes, Kreatives geschaffen. In Gesellschaft ist es außerdem noch möglich, das eigene Können zu erweitern und Tipps und Tricks auszutauschen.*

*Die gestrickte Massenware kann jeder kaufen. Lassen Sie sich von diesem Buch anregen, der eigenen Kreativität auf die Sprünge zu helfen. Machen Sie die positive Erfahrung, mit Stolz Ihr eigenes ganz persönliches selbst gestricktes Modell zu tragen.*

*Viel Spaß dabei wünscht Ihnen*

*Gundula Steinert*

# Inhalt


Vorwort . . . . 4

**Die ersten Schritte**

Das Abc des Materials . . . . 8
Das 1 x 1 des Werkzeugs . . . . 10
Die Maschenprobe . . . . 12
Strickschriften lesen und Abkürzungen . . . . 13
Der einfache Maschenanschlag . . . . 14
Der Kreuzanschlag . . . . 16
Grundmuster und Randmaschen . . . . 18

**Nun zur Technik**

Zunahmen am Rand . . . . 20
Zunahmen innerhalb der Arbeit . . . . 22
Abketten und Abnehmen von Maschen . . . . 24
Berechnen der Schnittform, Maßtabellen . . . . 27
Runde Halsausschnittblenden . . . . 28
V-Ausschnittblenden . . . . 30
Die eingestrickte Tasche . . . . 32
Raglanschrägungen . . . . 34
Knopflöcher einstricken . . . . 36
Reißverschlüsse einnähen . . . . 38
Konfektionieren und Spannen . . . . 40
Nähte schließen . . . . 42

**Farbig stricken**

Bunte Streifen mit Farbwechsel . . . . 44
Mehrfarbige Jacquardmuster . . . . 46
Muster mit Hebemaschen . . . . 48

**Muster stricken**

Ajourmuster . . . . 50
Zopfmuster . . . . 52
Gestrickte Noppen . . . . 54
Biesen und Patentmuster . . . . 56

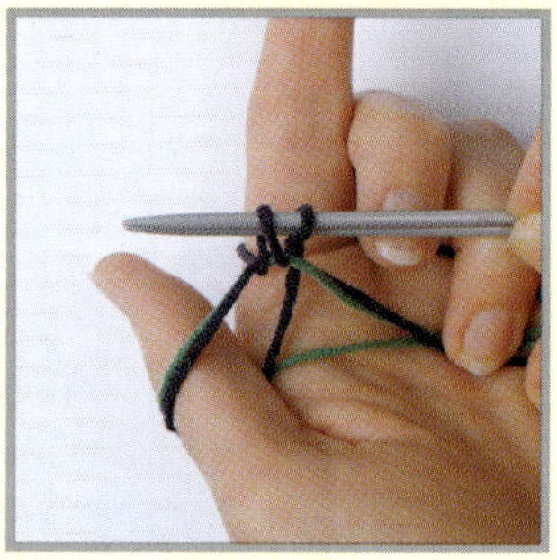

**So wird Strick erst schick**

Sticken auf Maschen ........................ 58
Stickmotive übertragen und Sticken ............ 60
Fransen und Quasten ........................ 62
Bunte Quasten und Pompons.................. 64

**Das hat Hand und Fuß!**

Socken stricken............................ 66
Fäustlinge stricken ......................... 68

**Modellauswahl**

Top, Kurzpulli und Kinderpullover............... 70
Raglanpulli in Oliv oder Wollweiß .............. 72
Cremefarbener Kurzarm-Pulli.................. 74
Top und Schal.............................. 76
Blaumelierter Pulli mit Blüten.................. 78
Jacke mit Bordüren.......................... 80
Herrenpulli im Jacquardmuster.................. 81
Hellblauer Pulli mit Taillierung und rosa Patentpulli . 82
Pulli mit Biesenmuster ...................... 84
Grüne Kinderjacke und weinroter Pulli .......... 86
Pulli mit Zip und Taschen...................... 88
Zopfpulli mit Noppenmuster .................. 90
Pulli mit großen Noppen ...................... 92
Pulli mit Farbflächen......................... 94
Bunt gestreifte Jacke......................... 96
Jacke im Hebemaschenmuster .................. 98
Blau-grüner Kinderpulli ...................... 99
Damenpulli mit Haus ........................ 100
Kinderpulli mit Käfern ...................... 102
Herrenpulli mit Stickmotiv ................... 103
Sockenparade............................... 104
Allgemeine Strumpfregeln .................... 107

Register.................................... 108
Hersteller .................................. 110
Impressum .................................. 110

# Das Abc des Materials

Sie wollen sich wohl fühlen in Ihrer zweiten Haut, Ihrem selbst gestrickten Modell? Wählen Sie deshalb für Ihr Strickstück das richtige Garn aus. Sie können sich dabei natürlich nach den Angaben in den Anleitungen unseres Buches oder diverser Zeitschriften richten. Denken Sie dabei unbedingt an Ihr eigenes Empfinden.

Möchten Sie einen kuscheligen Pullover für die kalte Jahreszeit, wählen Sie ein weiches Woll- oder Wollmischgarn. Ein gleichmäßig gut gedrehtes Garn ist besser geeignet für plastische Muster. Ein flauschiges nur locker gedrehtes Garn, eventuell auch mit Effekten, ist perfekt für Kuschelpullover mit wenig Struktur.

Für leichte Sommermodelle ist Baumwoll- oder Viskosegarn ideal. Es fühlt sich auf der Haut angenehm kühl an. Auch hier gilt, luftige Ajourmuster kommen mit glatten Garnen am deutlichsten zur Geltung. Material mit Effekten lässt sich auch gut glatt verstricken, weil es so die schönste Wirkung als Fläche hat. Wenn Sie noch Garnreste haben, probieren Sie es doch einfach aus.

Die Entscheidung für Ihre Lieblingsfarbe kommt natürlich noch dazu. Lassen Sie sich dazu auch im Fachhandel beraten. In guten Fachgeschäften gibt es zu den angebotenen Garnen oft auch kleine Strickproben, die das Maschenbild zeigen. Die Vielfalt der angebotenen Handstrickgarne kennt beim derzeitigen Strickboom fast keine Grenzen. Deshalb beschreiben wir im Folgenden ein paar gebräuchliche Qualitäten, um Ihnen die Entscheidung zu erleichtern.

**Alpakawolle** ist ein Garn aus feinem, weichem, fast glattem Tierhaar. Es stammt vom Alpaka, einem Tier aus der Familie der Lamas, die in Südamerika leben. Das Garn ist sehr hochwertig, da die Tiere nur wenig Rohmaterial liefern.

**Angorawolle** gewinnt man durch Schur der Angorakaninchen. Angoragarn hat ein sehr hohes Aufnahmevermögen für Feuchtigkeit. Die Fasern sind sehr fein und leicht. Das Garn ist empfindlich und deshalb in der Pflege sehr anspruchsvoll.

**Bändchengarn** ist ein flaches Garn z. B. aus Viskose oder Baumwolle. Es ist in unterschiedlicher Ausstattung und Breite erhältlich.

**Baumwolle** ist unbehandelt ein reines Naturprodukt. Sie gedeiht im subtropischen und tropischen Klima. Sie ist luftdurchlässig, feuchtigkeitsaufnehmend, temperaturausgleichend. Dadurch ist sie auch bei Hitze gut zu tragen und besonders für leichte Sommerpullis geeignet. Baumwollgarn kann durch besondere chemische oder mechanische Ausrüstung besonders strapazierfähig oder glatt gemacht werden. Ganz neu sind farbig wachsende Baumwollfasern. Sanfte Pastellfarbtöne in braunen, roten, gelben und grünen Nuancen werden angeboten.

**Bouclégarn** entsteht, wenn ein glatter, dünner Faden zusätzlich mit einem ungleichmäßig starken Effektfaden mit Schlingen verzwirnt wird. Das Garn kann sehr voluminös ausfallen und lässt neben unifarbenen Varianten auch viele Farbzusammenstellungen zu.

**Cablégarn** ist am Erscheinungsbild eines sehr gleichmäßigen Fadens zu erkennen. Dieser entsteht durch Verzwirnung mehrerer Spinnfäden, von denen mehrere wiederum miteinander verzwirnt (verdreht) werden. Diese Garne sind strapazierfähig und plastische Muster, wie Zöpfe oder Noppen, kommen besonders gut zur Geltung.

**Dochtgarn** ist ein weiches Garn, das nur sehr locker gedreht wurde. Es ist als einfarbiges oder Multicolor-Garn im Angebot. Außerdem können Sie zwischen Dochtgarn mit gleichmäßig starkem Faden oder Flammengarn mit Fadenverdickungen auswählen.

**Flauschgarne** sind sehr voluminös. Sie erscheinen ähnlich wie Angora oder Mohair, werden jedoch in unterschiedlichen Verfahren ausschließlich aus Kunstfasern hergestellt.

**Kaschmirgarn** besteht aus sehr edlen, seltenen Rohstoffen. Das Auskämmen des Haarkleides der Kaschmirziege bringt je Saison nur wenig Wolle. Es ist daher ein exklusives Material mit hervorragenden Trageeigenschaften, das allerdings seinen Preis hat.

**Lammwolle** ist besonders weich und wärmend. So darf nur Wolle bezeichnet werden, die der ersten Schur eines jungen Schafes entstammt.

**Lurexgarn** ist metallisiertes Polyestergarn. Eine hauchdünne Metallschicht wird auf einen Polyesterfaden aufgebracht. Für festliche Modelle oder Accessoires ist dieses Material besonders geeignet. Man kann auch Glanzfäden mit nicht glänzenden verzwirnen, dann ist der Effekt etwas sanfter.

**Mohairgarn** stammt von der Angoraziege. Die Fasern sind lang und lockig. Das Garn filzt kaum, ist sehr voluminös und deshalb nicht sehr robust. Als Kid Mohair darf nur die Wolle von Jungtieren bezeichnet werden.

**Shetlandwolle** wird durch Schafschur gewonnen. Sie ist sehr widerstandsfähig und robust. Für rustikale Garne und entsprechende Modelle ist sie besonders geeignet.

**Tweedgarn** gibt dem Gestrick das typische Erscheinungsbild, wie wir es auch vom gewebten Tweedstoff kennen. Der Faden hat noppige Effekte, die entsprechend bunt oder dezent gefärbt sind.

**Viskosegarn** ist glatt und relativ schwer. Deshalb hat das Gestrick auch einen guten Fall. Der Rohstoff für Viskose ist Zellstoff, der während der Produktion chemisch bearbeitet und veredelt wird.

*Pflege-Tipps*

*Maschinenwäsche ist wegen der mechanischen Beanspruchung nicht geeignet – nach dem ersten Versuch kann es zu spät sein und Ihr schöner Pulli ist nicht mehr zu retten.*

*Handgestricktes sollten Sie möglichst immer von Hand waschen, weil das weich verarbeitete Garn empfindlich ist. Nehmen Sie kaltes bis lauwarmes Wasser und benutzen Sie wenig Wollwaschmittel. Auf keinen Fall dürfen Sie zu heißes Wasser und zu viel Waschmittel nehmen und das gute Stück nicht kräftig reiben oder bürsten, sonst wird es verfilzen. Wenden Sie vor dem Waschen das Strickteil mit der linken Seite nach außen, das schont die Oberfläche.*

*Gutes Spülen, bis das Wasser klar bleibt, ist besonders wichtig. Waschmittelrückstände schaden dem Material. Beim Spülen die schweren Teile jeweils vorsichtig mit beiden Händen aus dem Wasser nehmen. Drücken Sie die Stricksachen, gegebenenfalls in Frotteetüchern, aus. Die Teile stets liegend trocknen und vorher gut in Form ziehen.*

*Bei buntem Gestrick können Sie zusätzlich noch Tücher in die Ärmel und zwischen Vorder- und Rückenteil legen, damit sie nicht aneinander abfärben.*

# Das 1x1 des Werkzeugs

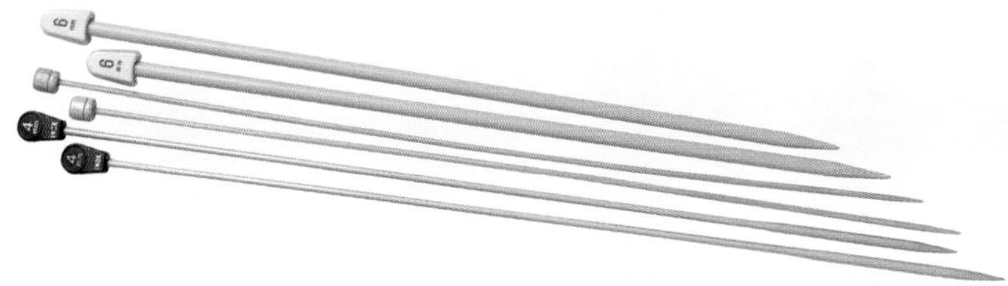

**Stricknadeln**
Damit wird in Reihen gestrickt. Stopper am Ende verhindern das Herunterrutschen der Maschen. Es gibt Jackenstricknadeln mit gleich starkem Schaft und Schnellstricknadeln, bei denen nach der Spitze in entsprechender Nadelstärke ein dünnerer Schaft folgt, damit die Maschen leichter abzustricken sind. Sie können wählen zwischen Nadeln aus Kunststoff, Metall, Bambus oder Holz.

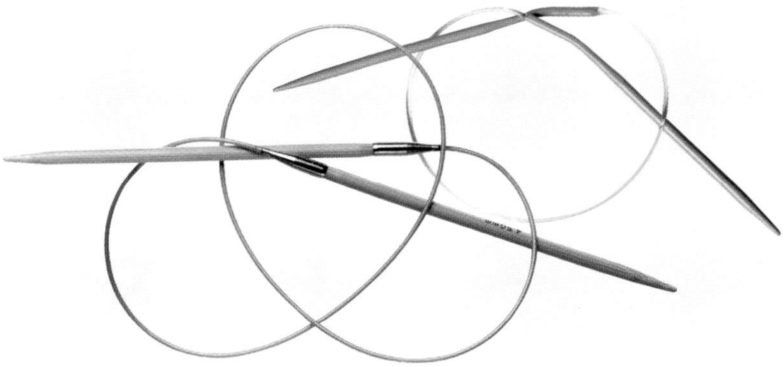

**Rundstricknadeln**
Damit können Sie in Runden stricken. Starre Nadelenden aus Metall, Kunststoff oder Bambus sind mit einem flexiblen Perlondraht verbunden. Je nach Größe der Strickerei können Sie Nadeln von 40 bis 150 cm Länge kaufen. Übrigens werden Rundstricknadeln auch gern für große Strickteile, die in Reihen gestrickt werden, verwendet. Dann ist die 2. Nadel immer griffbereit.

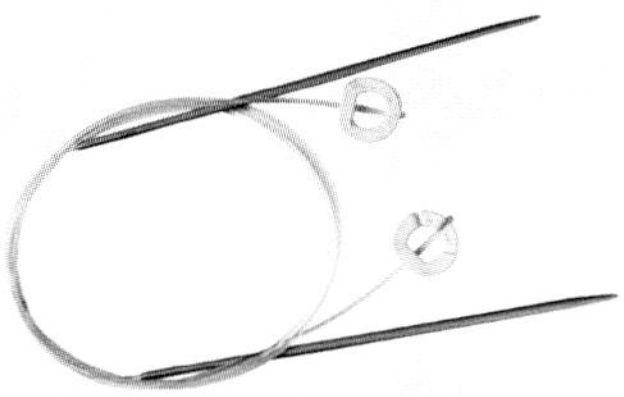

**Flex-Stricknadeln**
Sie sind besonders geeignet zum Stricken großer Teile. An jedem Nadelende befindet sich eine flexible Verlängerung mit Stopper.

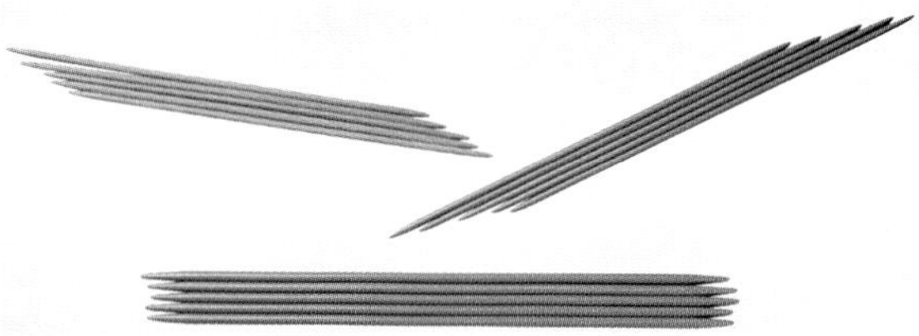

**Nadelspiel**
Es besteht immer aus fünf Nadeln von 20 oder 15 cm Länge mit Spitzen an beiden Seiten. Für das Stricken von Socken oder Handschuhen sind sie unerlässlich. Es gibt sie aus Metall, Kunststoff oder Bambus.

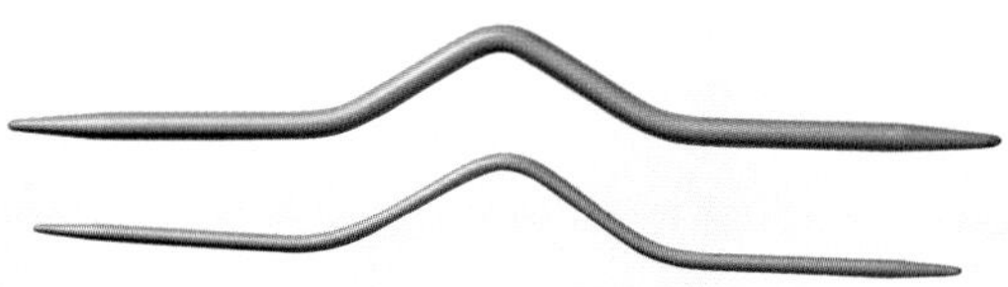

**Zopfnadeln**
Mit diesen Hilfsnadeln lassen sich breite Zöpfe leichter verkreuzen. Sie haben einen kleinen Bogen in der Mitte, damit die darauf befindlichen Maschen nicht herunter rutschen.

**Maschenraffer**
Darauf können Sie Maschen ziehen, die für die Strickerei gerade nicht gebraucht werden. Sie funktionieren wie große Sicherheitsnadeln.

**Maschenstopper**
Aus weichem Gummi, sogar in Bärchenform, sind sie nützlich, wenn Sie Ihre Strickarbeit mal beiseite legen. Die Maschen können dann nicht von den Nadeln rutschen. Auch einen Transport übersteht Ihre Strickarbeit so ohne „Maschensalat“. Die nützlichen Helfer sind ebenso schnell entfernt, wenn Sie wieder weiter stricken möchten. Die Maschenstopper sind in verschiedenen Größen im Angebot, fragen Sie im Fachhandel nach.

**Wollspulen**
Auf diese Garnspulen können Sie kürzere Garnstücke aufwickeln. Besonders bei mehrfarbigen Mustern müssen Sie dann nicht mit den großen Knäueln hantieren.

**Strickfingerhut**
Er ist nützlich, wenn Sie bei Jacquardmustern mit mehreren Farbfäden in einer Reihe stricken. Der Fingerhut wird auf den linken Zeigefinger gesteckt. Durch die kleinen Ösen können Sie 2 bis 4 Fäden gleichzeitig führen.

**Reihenzähler**
Sie werden auf die Nadelenden aufgesteckt. Durch das Drehen am kleinen Zählwerk nach jeder Reihe wissen Sie immer, wie weit Sie an Ihrem Strickteil gerade sind.

**Maschenmarkierer**
Diese kleinen Teile können Sie während der Arbeit in Maschen einhängen. Damit können Sie z. B. Mustersätze, Knopflöcher, Rundenübergänge oder andere markante Stellen kennzeichnen.

**Nadelmaß**
Bei Nadeln ohne Stärkenangabe können Sie damit die genaue Nadelstärke ermitteln. An unserem Exemplar ist eine kleine Maßleiste in mm dran und auf der Rückseite lässt sich ein kleines Trennmesser ausschieben.

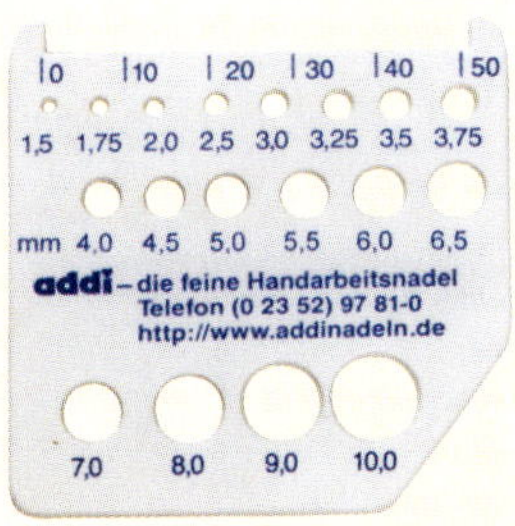

# Die Maschenprobe

**Das „Herz“ jeder Strickarbeit ist die Maschenprobe. Leider ist sie oft nicht sehr beliebt bei den Strickern, schließlich möchte man sofort mit dem Stricken des Modells beginnen und sich nicht mit der lästigen Maschenprobe aufhalten. Dennoch ist sie unerlässlich, selbst Strickprofis kommen nicht umhin, eine Maschenprobe anzufertigen. Nur wenn die in den Anleitungen angegebenen Maschen- und Reihenzahlen mit Ihrer Probe übereinstimmen, können Sie sicher sein, dass der Pulli auch den Maßen entspricht. Im Übrigen ist die Maschenprobe bei vielen Mustern auch eine wunderbare Übung, um sich in das Muster „einzustricken“.**

Stricken Sie zunächst ein 12 x 12 cm großes Stück, damit die Maschen und Reihen gut gezählt werden können. Schlagen Sie deshalb einige Maschen mehr an, als in der Anleitung für 10 cm angegeben sind, und stricken Sie 12 cm hoch.
Nach dem Maschenanschlag, den wir Ihnen auf Seite 14/15 beschreiben, halten Sie dafür beim Weiterstricken Ihre Strickarbeit wie folgt: Mit der linken Hand halten Sie die linke Nadel, auf der sich die Maschen der vorherigen Reihe befinden, mit der rechten Hand die rechte Nadel, auf der sich die bereits gestrickten Maschen der neuen Reihe befinden.
Mit beiden Nadelspitzen wird die neue Masche gebildet, wobei die rechte Hand mit der rechten Nadel dabei den aktiven Part übernimmt. Beim Stricken führen Sie den Faden, der von der Masche kommt, von vorn nach hinten um den linken Zeigefinger und innen am Fingeransatz des Handtellers entlang am kleinen Finger wieder nach außen. Ob Sie den Faden ein- oder mehrmals um den Zeigefinger wickeln, hängt von der Fadenspannung ab, die Sie persönlich bevorzugen. Das werden Sie nach den ersten Versuchen schnell feststellen.

Legen Sie gerade zum Maschenverlauf ein Lineal oder Maßband auf das Probestück und zählen Sie die Maschen, die 10 cm ergeben. In unserem Beispiel sind es 21 Maschen auf 10 cm.

Ebenso verfahren Sie mit den Reihen. Achten Sie darauf, dass das Lineal gerade zum Reihenverlauf liegt, und zählen Sie sorgfältig. An unserem Probestück sind es 28 Reihen auf 10 cm.

Stimmt Ihre Probe mit der in der Anleitung, nach der Sie stricken möchten, überein, können Sie sofort mit dem Stricken des Modells beginnen. Ist dies nicht der Fall, haben Sie zwei Möglichkeiten:

1. Sie versuchen auf die Maschenzahl des Probestücks zu kommen, indem Sie die Nadelstärke ändern. Nehmen Sie eine dünnere Nadel, werden es bei gleichem Maschenanschlag mehr Maschen bzw. Reihen auf 10 cm, nehmen Sie eine dickere Nadel, werden es weniger Maschen bzw. Reihen.

2. Sie berechnen das Strickteil neu; z. B.: 21 Maschen = 10 cm, 105 M (21 x 5) = 50 cm, 126 Maschen = 60 cm usw. Ebenso verfahren Sie mit den Reihen.

Es gibt auch eine Formel, nach der Sie die Maschenzahl für jede beliebige cm-Zahl errechnen können: gezählte Maschenzahl auf 10 cm, mal gewünschte cm, dividiert durch 10 cm = benötigte Maschenzahl (Beispiel: 21 x 56 dividiert durch 10 = 117,6, aufgerundet 118 Maschen). Dies gilt auch für die Reihenberechnungen. Berücksichtigen Sie bei der neuen Maschenzahl gegebenenfalls den Mustersatz und die Maschen, die davor oder danach zu stricken sind. Fügen Sie auch die 2 Randmaschen hinzu (diese „verschwinden“ später in der Naht). Beachten Sie dafür auch die Angaben in den Anleitungen, die Ihnen Auskunft darüber geben, durch welchen Mustersatz-bedingten Faktor die Maschenzahl teilbar sein muss und wie viele Maschen hinzugefügt werden müssen.

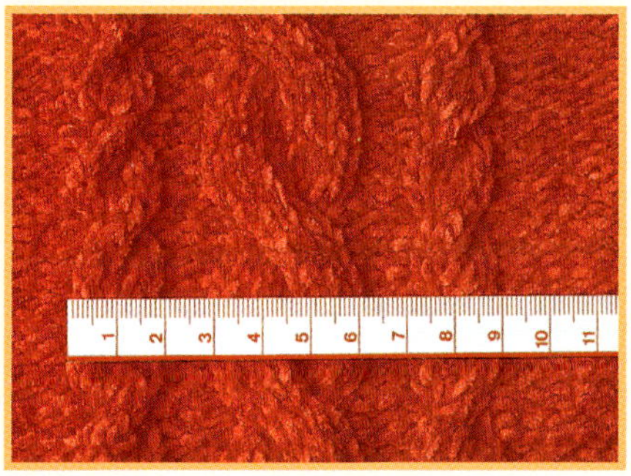

Bei Zopfmustern, die z. B. in einer glatt linken Fläche liegen, messen Sie die Zöpfe und die dazwischen liegenden linken Maschen. Da Zöpfe im Allgemeinen mehr Maschen auf 10 cm ergeben als glatt gestrickte Teile, werden sie extra abgemessen und berechnet; dann die restlichen Muster, für die eine gesonderte Probe gestrickt werden muss, ergänzen.

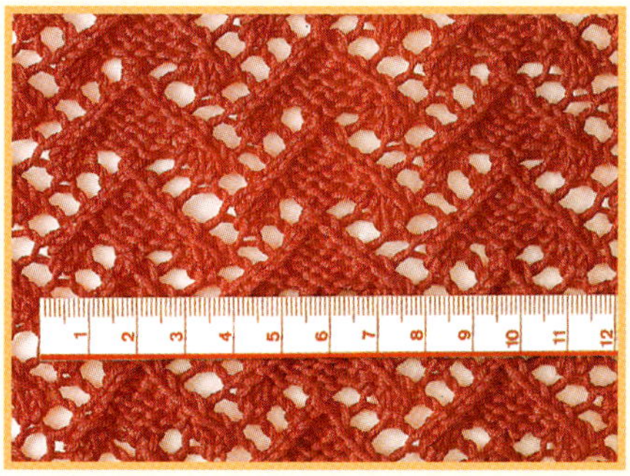

Häufig ist es bei Ajourmustern nicht ganz so einfach, Maschen oder Reihen einzeln genau abzuzählen. Hier orientieren Sie sich am besten an den ganzen Mustersätzen. In diesem Fall ist ein Mustersatz (= 16 Maschen) 8 cm breit, das entspricht umgerechnet 20 Maschen auf 10 cm. Ebenso verfahren Sie mit den Reihen, die zu wiederholen sind.

# Strickschriften lesen und Abkürzungen

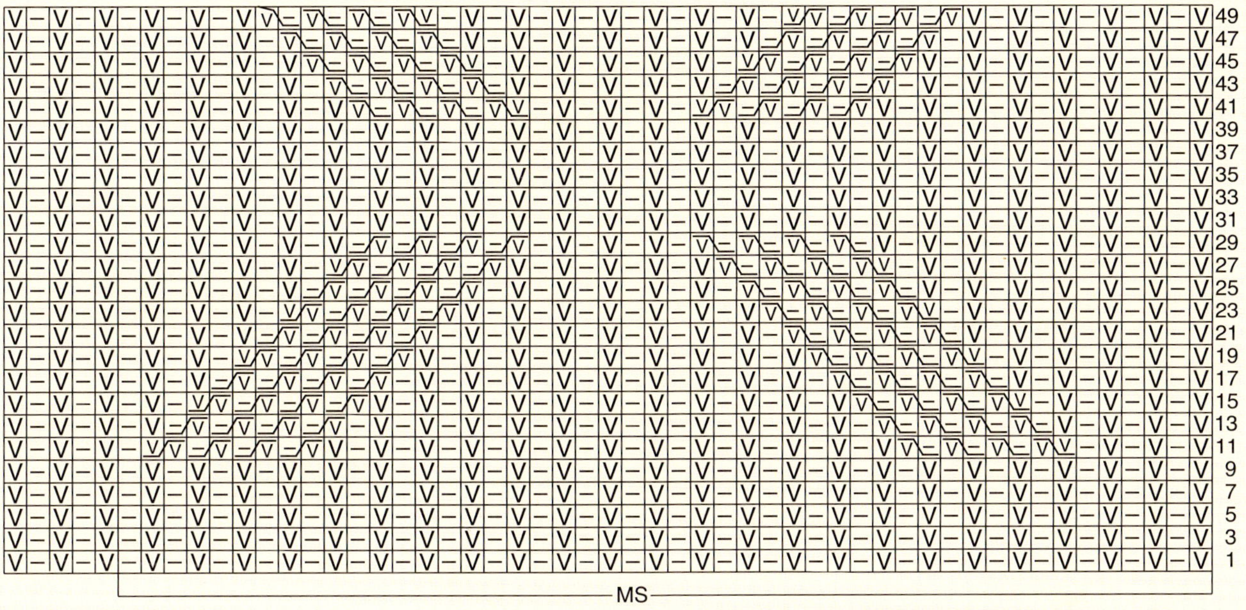


**Lesen von Strickschriften**

Bevor es richtig losgehen kann, ist hier noch zu erfahren, was Sie beim Stricken nach unseren Strickschriften im hinteren Buchteil beachten sollten. Lesen Sie Strickschriften (auch Zählmuster) immer von unten nach oben ab.
Sind nur die Hin-Reihen gegeben (wie Sie an unserem Beispiel sehen), die Reihen von rechts, wo auch die Reihenzahl steht, nach links ablesen. In den nichtgegebenen Rück-Reihen die Maschen so stricken, wie sie erscheinen. Das steht auch jeweils in der entsprechenden Anleitung.
Sind zusätzlich auch die Rück-Reihen gegeben, diese von links nach rechts ablesen. Die Reihenzahl dafür steht dann auch links.
Wird ein Modell in Runden gestrickt, jede Runde der Strickschrift von rechts ablesen.
Den angegebenen Mustersatz (MS an unserem Beispiel) in der Breite stets wiederholen. Die Maschen außerhalb des Mustersatzes nur am Anfang und Ende der Reihen arbeiten. Für den Mustersatz in der Höhe steht die entsprechende Reihenwiederholung jeweils in der Anleitung.
Die Strickschriften-Symbole sind jeweils bei der Anleitung erklärt.

**Abkürzungen**

**Abb**= Abbildung,
**arb** = arbeiten,
**abk**= abketten,
**abh**= abheben,
**abn**= abnehmen,
**abw**= abwechselnd,
**anschl**= anschlagen,
**beids**= beidseitig,
**cm**= Zentimeter,
**d.h.**= das heißt,
**dopp**= doppelt,
**dopp Stb**= Doppelstäbchen,
**Ø**= Durchmesser,
**einf**= einfach,
**Fb**= Farbe,
**feM +FM**= feste Masche,
**folg**= folgende,
**g**= Gramm,
**ggl + gegengl**= gegengleich,
**gl**= glatt,
**Gr**= Größe bzw. Großes,
**hStb**= halbe Stäbchen,
**Kettm**= Kettmasche,
**kl**= klein(es),
**Knl**= Knäuel,
**kr**= kraus,
**Lftm**= Luftmasche,
**li**= links,
**LL**= Lauflänge,
**lt**= laut,
**m**= Meter,
**M**= Masche,
**mittl**= mittlere(r),
**MS**= Mustersatz,
**N + Nd**= Nadel,
**Nr**= Nummer,
**Qual**= Qualität,
**R**= Reihe,
**restl**= restliche,
**rückw**= rückwärtige(n)s,
**Rd**= Runde,
**Rdm**= Randmasche,
**re**= rechts,
**seitl**= seitlich,
**s**= siehe,
**Stb**= Stäbchen,
**str**= stricken,
**tM**= tiefergestochene Masche,
**U**= Umschlag,
**verkr**= verkreuzen,
**verschr**= verschränkt,
**vert**= verteilt,
**vord**= vordere(n)s,
**wdh**= wiederholen,
**X**= mal,
**zun**= zunehmen,
**zus**= zusammen,
**zusstr**= zusammenstricken.
**Ab*wdh** heißt: eine größere Maschengruppe (Mustersatz) so oft wiederholen, wie angegeben.

# Der einfache Maschenanschlag

Er eignet sich für alle Strickmuster. Für einen elastischen Rand wird er mit 2 Nadeln gearbeitet, die 2. Nadel nach dem Anschlag herausziehen; bei sehr dicker Wolle reicht eine Nadel aus.

Der Faden, den Sie für den Anschlag benötigen und vom Knäuel abwickeln, sollte ca. 1,5–2 cm pro Anschlagmasche plus ca. 20 cm Zugabe lang sein.

Bei dieser Berechnung eher großzügig sein, den übrigen Faden können Sie später beim Zusammennähen der Teile verwenden.

Das Fadenende 1-mal von vorne nach hinten um den Zeigefinger, dann von vorne nach hinten um den Daumen der linken Hand führen.

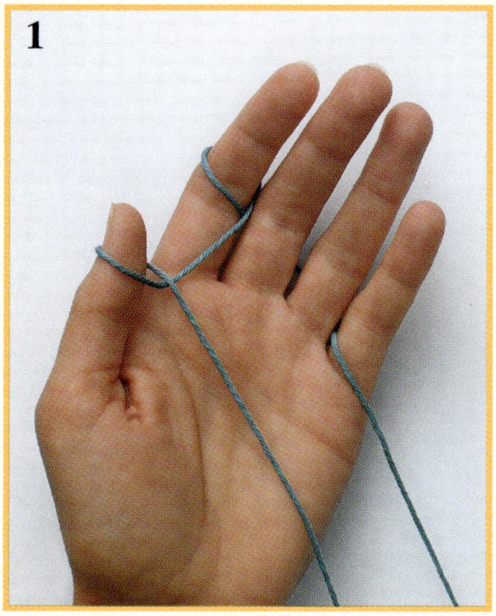

Die Abbildung zeigt den Anschlag und ein Krausrechts-Muster, hier ist die 1. gestrickte Reihe eine Rückreihe.

Mit den Nadeln zunächst die Daumenschlinge des Fadens erfassen.

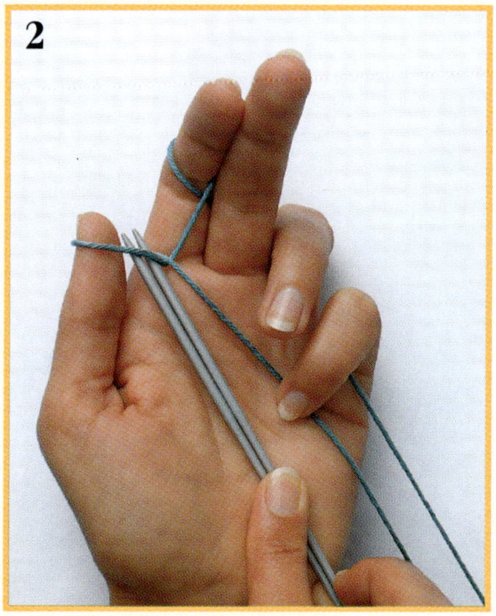

Auf diesem Foto sehen Sie den Anschlag und das folgende Rippenmuster, die 1. gestrickte Reihe ist eine Rückreihe.

Dann mit den Nadeln die Zeigefingerschlinge des Fadens erfassen.

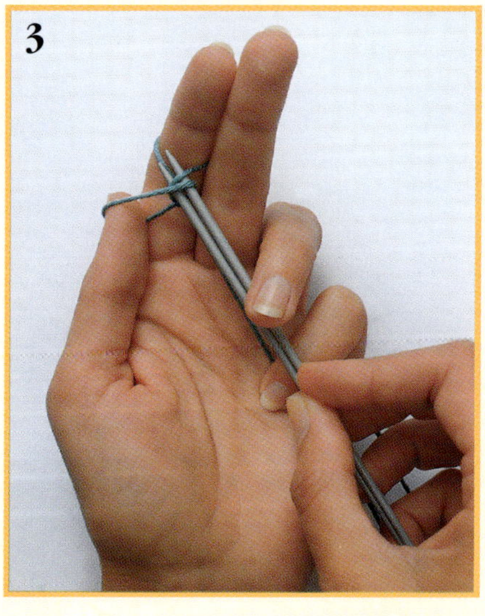

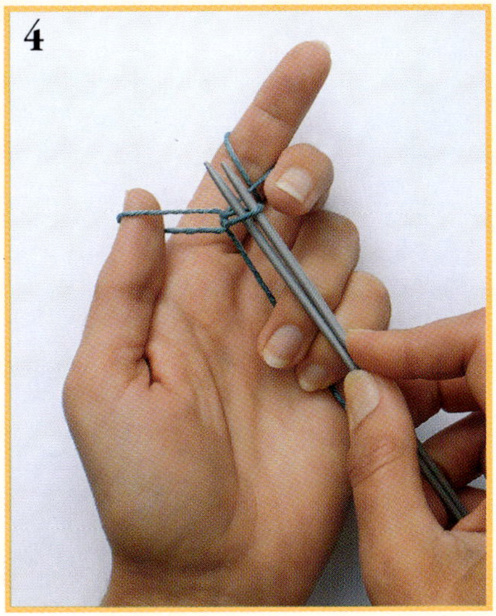


Die Zeigefingerschlinge durch die Daumenschlinge ziehen, den Daumen aus der Schlinge ziehen, unter den vorderen Faden führen und mit dem Daumen die Schlinge festziehen.

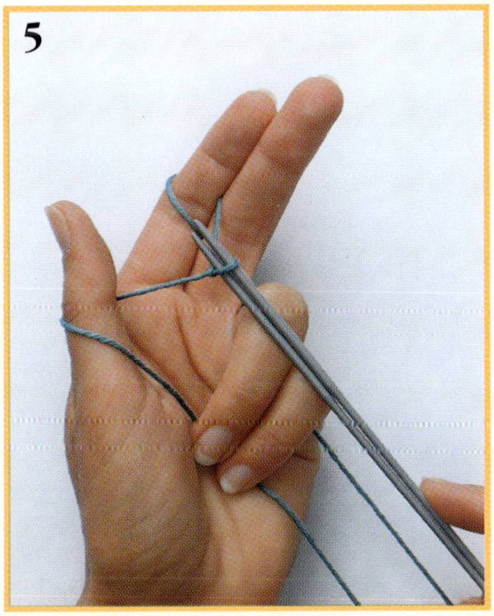


Die 1. Masche ist nun auf den Stricknadeln.

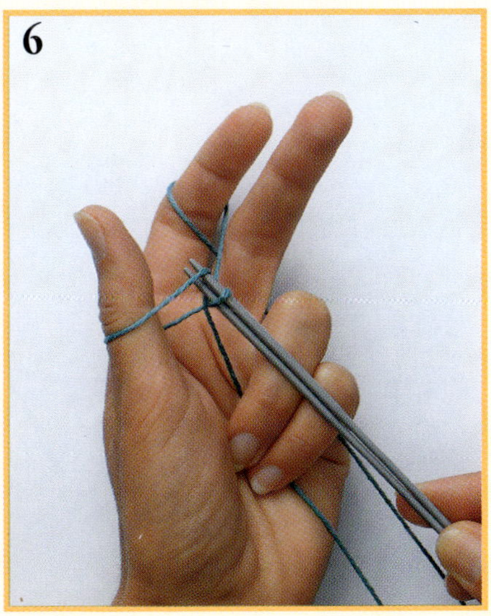


Wieder die Daumenschlinge des Fadens erfassen.

Die Zeigefingerschlinge erfassen und durch die Daumenschlinge führen.

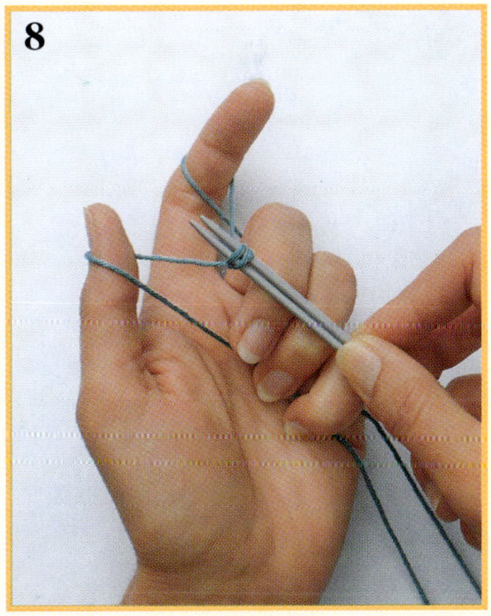


Schlinge anziehen, die 2. Masche ist entstanden.

Die Arbeitsschritte 6-8 solange wiederholen, bis die gewünschte Maschenzahl erreicht ist.

# Der Kreuzanschlag

Wenn Sie mal eine andere Optik für den Beginn oder einen besonders stabilen Rand für ein Strickstück suchen, möchten wir Ihnen den Kreuzanschlag mit doppeltem Faden empfehlen. Er eignet sich vor allem auch dann, wenn nach dem Anschlag kein „klassisches“ Bündchen im Rippenmuster folgt.

Der Kreuzanschlag wird mit einer, bzw. je nach Garnstärke mit zwei Nadeln gearbeitet. Anschlag- und Zusatzfaden müssen gleich lang sein (siehe auch Seite 14 beim einfachen Maschenanschlag).

Sie führen den Faden wie gewohnt um den Zeigefinger und Daumen und arbeiten genau wie beim einfachen Maschenanschlag eine Anfangsschlinge.

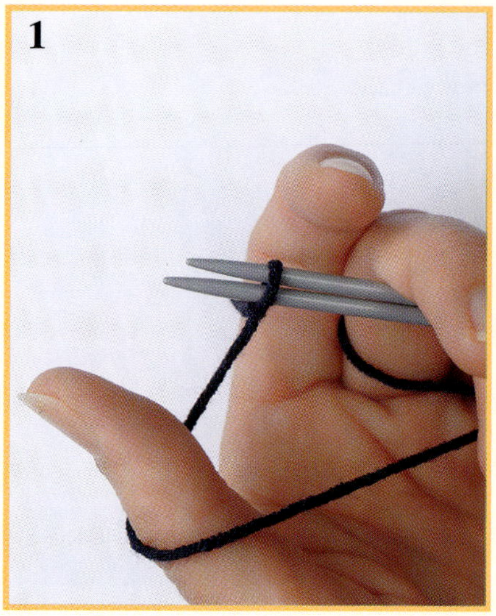

Hier sehen Sie, wie die Maschen beim Kreuzanschlag paarweise auf den doppelten Anschlagnadeln liegen.

Nun legen Sie den Zusatzfaden um den Daumen, das kürzere Ende hält der kleine Finger fest. Nur zur besseren Darstellung haben wir einen grünen Kontrastfaden als Zusatzfaden gewählt. Sie verwenden nur Garn einer Farbe.

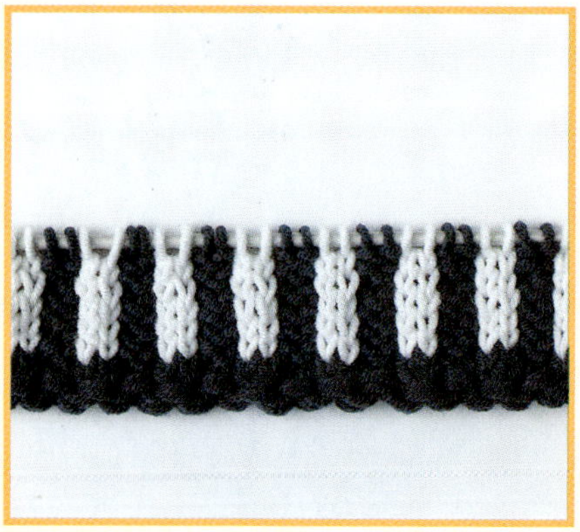

In der folgenden Reihe nach dem Anschlag (=Rück-Reihe) stets nur linke Maschen stricken. Dann im angegebenen Muster, hier im Längsstreifenmuster, weiterstricken.

Mit den Nadeln die beiden äußeren Fäden der Daumenschlinge erfassen.

4

Den blauen Zeigerfingerfaden erfassen und durch die Daumenschlinge ziehen, Daumen aus der Schlinge nehmen und die Maschen anziehen.

7

Nun wieder den Zeigefingerfaden erfassen und durch die Daumenschlinge ziehen. Daumen aus der Schlinge nehmen und die Masche anziehen.

5

Jetzt den doppelten Daumenfaden so um den Daumen legen, dass die von der Masche kommenden Fäden vor dem Daumen liegen.

6

Mit den Nadeln die beiden hinteren Fäden der Daumenschlinge erfassen.

Den Vorgang 3–7 stets wiederholen, dabei vor Vorgang 3 die Fäden der Daumenschlinge wieder so um den Daumen führen, dass die von der Masche kommenden beiden Fäden hinter dem Daumen liegen.

# Grundmuster und Randmaschen

**Jetzt geht es an die ersten Maschen, aus denen jede Strickerei besteht. Das sind grundsätzlich rechte und linke Maschen sowie rechts und links verschränkte Maschen als Variante. In unseren Stepps sehen Sie auch zwei der gebräuchlichsten Randmaschen.**

**Glatt rechts:** in Hinreihen rechte Maschen, in Rückreihen linke Maschen stricken.

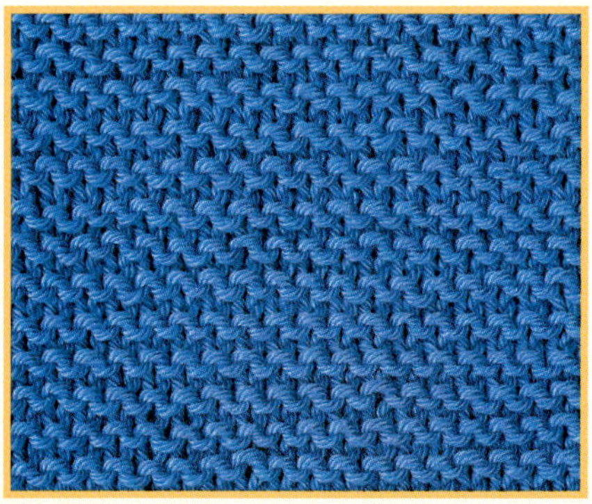

**Kraus rechts:** in Hin- und Rückreihen rechte Maschen stricken.

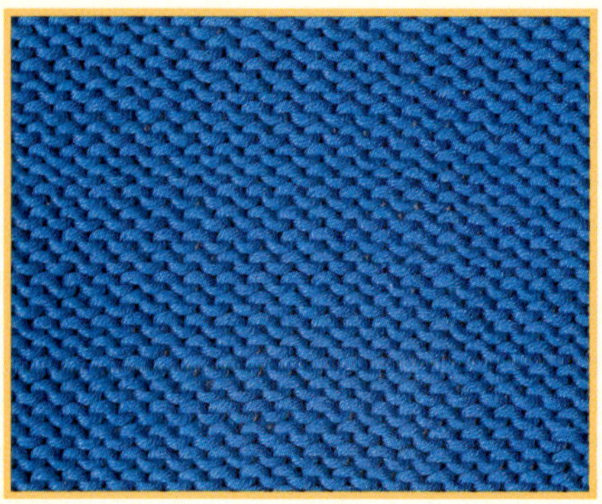

**Glatt links:** in Hinreihen linke Maschen, in Rückreihen rechte Maschen stricken.

**1 Masche rechts:**
Von vorne in die Masche einstechen, der Faden liegt hinter der Arbeit, Faden durchholen und die Masche der Vorreihe von der linken Nadel gleiten lassen.

**1 Masche links:**
Faden vor die Arbeit legen und abbildungsgemäß in die Masche einstechen.

Faden mit der Nadel greifen, durchholen und die Masche der Vorreihe von der linken Nadel gleiten lassen.

1

**Verschränkte Maschen:**
Diese Abbildung zeigt 1 Masche rechts verschränkt in der Hinreihe, die in der Rückreihe links verschränkt gestrickt wird, und zwei Maschen glatt links im Wechsel.

2

Hier sehen Sie verschränke Maschen. Für **1 Masche rechts verschränkt** in das hintere Maschenglied einstechen und den Faden durchholen.

3

Für **1 Masche links verschränkt** den Faden vorlegen, abbildungsgemäß das hintere Maschenglied erfassen und den Faden durchholen.

**Randmaschen:**
Für den **Kettenrand** am Reihenende den Faden vorlegen und die letzte Masche abheben. Am Reihenanfang die 1. Masche rechts stricken.

1

An diesem Stück sehen Sie, beim Kettenrand erhält man 1 Randmasche pro Hin- und Rückreihe.

2

Für den **Knötchenrand** die 1. Masche jeder Reihe wie beim Rechtsstricken abheben, der Faden liegt hinter der Arbeit. In jeder Reihe die letzte Masche rechts stricken. Auch hier erhält man 1 Randmasche pro Hin- und Rückreihe.

3

# Zunahmen am Rand

Bald werden Ihre Strickkünste soweit fortgeschritten sein, dass Sie nicht nur Schals mit geraden Rändern stricken möchten.

Sie wollen Ihrem Strickstück eine Form geben? Kein Problem, die folgenden Stepps zeigen Ihnen in Wort und Bild, wie Sie am rechten und linken Rand Maschen zunehmen können.

Dafür werden Schlingen gebildet, die man auf die Nadel hebt und festzieht. So können Sie auf einmal ganz gerade eine bestimmte Anzahl Maschen in gewünschter Breite zunehmen. Oder auch in jeder zweiten Reihe Ihrem Schnitt entsprechend jeweils nur einige Maschen, um eine schräge oder geschwungene Form zu erreichen.

Das können Sie z. B. an seitlichen Pulloverrändern oder auch für Ärmelschrägungen brauchen. Achten Sie immer darauf, dass Sie die neu gebildeten Schlingen gleichmäßig festziehen, damit die Ränder weder zu fest noch zu locker werden.

1

Zunahmen am rechten Rand:
Dafür in die 1. Masche wie zum Rechtsstricken einstechen, den Faden zur Schlinge durchholen, die Schlinge dabei nicht von der rechten Nadel gleiten lassen.

2

Mit der linken Nadel die Schlinge von vorne nach hinten erfassen und als Masche auf die linke Nadel nehmen, Masche von der rechten Nadel gleiten lassen. Den Vorgang 1 und 2 solange wiederholen, bis die gewünschte Maschenzahl erreicht ist.

3

Diese Form der Zunahmen wird immer dann angewandt, wenn mehrere Maschen auf einmal zugenommen werden müssen, am rechten Rand wird dies auch als „Aufstricken" bezeichnet.

**Zunahmen am linken Rand:**
Dafür den Faden von der Nadel kommend von hinten nach vorne um den Daumen legen. Mit dem kleinen Finger etwas festhalten.

Zunahmen am linken Rand werden auch mit „dazuanschlagen“ bezeichnet. Damit kann man zum Beispiel auch zuvor abgekettete Maschen „überbrücken“.

Mit der rechten Nadel den vorderen Faden abbildungsgemäß erfassen.

Den hinteren Faden erfassen und zur Schlinge durchziehen, den Daumen aus der Schlinge nehmen und den Faden anziehen, so dass eine neue Masche entsteht. Den Vorgang 1–3 stets wiederholen.

# Zunahmen innerhalb der Arbeit

Mit den Zunahmen, die wir Ihnen auf diesen Seiten zeigen, haben Sie noch viel mehr Möglichkeiten Ihre Strickerei in die richtige Form zu bringen. Für körpernah gearbeitete Modelle ist diese Technik unverzichtbar. Sie können wählen zwischen zwei Varianten.
Wir zeigen Ihnen, wie man Maschen rechts oder links aus dem Querfaden herausstrickt. Dabei entstehen kleine Löcher, die Sie ganz bewusst in die Gestaltung Ihres Strickmodells einbeziehen können, wie z. B. in ausdrucksvolle Taillenbetonungen. Außerdem sehen Sie, wie verschränkt herausgestrickte Maschen gearbeitet werden. Dabei wird mit der Nadel so in den Querfaden eingestochen, dass eine festere Masche entsteht. Diese fast unsichtbare Art eignet sich besonders, wenn die Zunahmen nicht hervortreten sollen, wie z. B. bei Zunahmen in der letzten Bundreihe oder bei Ärmelschrägungen.

**1 Masche rechts aus dem Querfaden herausstricken:** Den Querfaden, der die Verbindung zwischen zwei Maschen der Vorreihe ist, auf die linke Nadel nehmen.

Den Querfaden wie eine Masche rechts stricken, dabei von vorne einstechen, den Faden durchholen und dann auf die rechte Nadel heben.

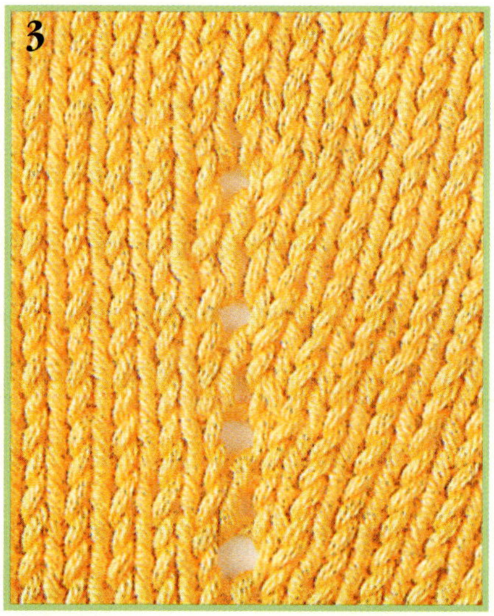

Bei solchen Zunahmen erhält man „Löcher", die optisch manchmal durchaus gewollt sind und Schnittformen betonen.

***Tipp***

*Strickanleitungen sind aus Platzgründen oft knapp und setzen ein bestimmtes Grundwissen voraus. Wenn Sie später nach Anleitungen Maschenzunahmen stricken, können Sie jederzeit hier nachschlagen und schauen, wie es geht.*

**1 Masche rechts verschränkt aus dem Querfaden herausstricken:** Den Querfaden abbildungsgemäß auf die linke Nadel nehmen. Nun den Querfaden wie 1 Masche rechts verschränkt stricken, dabei in das hintere Maschenglied einstechen und den Faden durchholen.

**1 Masche links aus dem Querfaden herausstricken:** Den Querfaden abbildungsgemäß auf die linke Nadel nehmen. Nun den Querfaden wie 1 linke Masche stricken = Faden vorlegen, das vordere Maschenglied auf die Nadel nehmen. Faden durchholen. Auch diese Zunahme ist sichtbar, es entsteht ebenfalls ein kleines Loch.

Diese Zunahmen fügen sich ohne Lochbildung ins Maschenbild ein. Verschränkte Zunahmen eignen sich immer dann besonders, wenn die Zunahmen nicht hervortreten sollen, wie zum Beispiel bei Zunahmen in der letzten Bundreihe oder bei Ärmelschrägungen.

**1 Masche links verschränkt aus dem Querfaden herausstricken:** Den Querfaden auf die linke Nadel nehmen. Nun den Querfaden wie 1 Masche links verschränkt stricken, dafür den Arbeitsfaden vorlegen, das hintere Maschenglied erfassen und den Faden durchholen. Diese Zunahmen eignen sich ebenfalls für alle Stellen, an denen die Zunahmen nicht hervortreten sollen.

*Wenn Sie unsere Stepps und Tipps zu Zunahmen an Strickmodellen beachten und bei Ihrer Strickerei anwenden können, wird Ihr Strickergebnis garantiert besser aussehen als der Pulli von diesem armen Schäfchen.*

# Abketten und Abnehmen von Maschen

Nachdem Sie nun wissen, wie Maschen zugenommen werden, kommen wir jetzt zum Abketten und Abnehmen. Wenn man die Strickerei über mehreren Maschen gleichzeitig beenden will, wird abgekettet. Dabei werden die Maschenschlingen jeweils übergezogen. Das brauchen Sie z. B. bei Tascheneingriffen, Halsausschnitten oder Schulterschrägungen.

Einzelne oder wenige Maschen am Rand oder innerhalb der Arbeit werden abgenommen. Das erfolgt durch Zusammenstricken von Maschen. Diese Abnahmen kann man, wie bei den Zunahmen auch, einzeln fast unsichtbar vornehmen. Oder Sie nutzen gleichmäßige Abnahmen über mehrere Reihen als ganz bewusste Schnittgestaltung. Das brauchen Sie z. B. für betonte Taillierungen oder auch Raglanschrägungen.

Bei glatt rechts gestrickten Teilen die Maschen auch in der Abkett-Reihe rechts, bei glatt links gestrickten die Maschen links stricken. Bei anderen Mustern kann man in der Abkett-Reihe auch mustergemäß stricken, d. h. das Muster weiterführen und die Maschen nacheinander überziehen.

Abketten:
Die Rand-Masche und die folgende Masche rechts stricken, in die Rand-Masche einstechen und über die Masche ziehen, dann die Rand-Masche von der linken Nadel gleiten lassen.

1

Die nächste Masche rechts stricken und die vorherige Masche darüber ziehen. Diesen Vorgang so lange wiederholen, bis alle Maschen abgekettet sind, Faden abschneiden und durch die letzte Masche ziehen.

2

Beim Rippenmuster die Maschen abketten, wie sie erscheinen. Dabei den Wechsel zwischen rechts und links gestrickten Maschen beibehalten und stets die vorherige Masche überziehen.

3

Abnehmen:

**2 Maschen rechts zusammenstricken:** Mit der rechten Nadel von vorne durch beide Maschen stechen, Faden holen und durchziehen, die Maschen von der Nadel gleiten lassen. Aus 2 Maschen ist nun 1 Masche entstanden = 1 Abnahme. Genauso kann man mehrere Maschen abnehmen, strickt man z. B. 3 Maschen zusammen, werden 2 Maschen abgenommen usw.

**2 Maschen überzogen zusammenstricken = 1 Überzug:** 1 Masche wie zum Rechtsstricken abheben, dafür mit der rechten Nadel von vorne in die Masche einstechen (als würde man sie rechts stricken wollen) und die Masche von der linken Nadel gleiten lassen. Den Faden hinter der Arbeit weiterführen.

Strickt man in jeder Hin-Reihe die entsprechende Masche mit der Masche davor rechts zusammen, entsteht eine betonte, nach rechts verlaufende Linie.

Die folgende Masche rechts stricken. Mit der linken Nadel die abgehobene Masche erfassen und über die gestrickte Masche ziehen. Aus 2 Maschen ist 1 Masche entstanden = 1 Abnahme.

**2 Maschen rechts verschränkt zusammenstricken:** Mit der rechten Nadel hinten durch beide Maschen stechen, Faden holen und durchziehen, die Maschen von der Nadel gleiten lassen. Die 1. Masche liegt nun „verdreht" obenauf.

Diese Abnahmeform, mehrfach übereinander gearbeitet, ergibt eine betonte, nach links verlaufende Linie.

# Weitere Abnahmen

**Maschen links zusammenstricken:** Faden vorlegen und von vorne durch beide Maschen stechen, Faden holen und durchziehen, die Maschen von der linken Nadel gleiten lassen. Aus 2 Maschen ist 1 Masche entstanden = 1 Abnahme.

Hier wurden beidseitig einer rechten Masche je 2 Maschen links zusammengestrickt, es entstand eine symmetrische Abnahme.

**2 Maschen links verschränkt zusammenstricken:** Faden vorlegen, mit der rechten Nadel die beiden hinteren Maschenglieder von links nach rechts erfassen, Faden holen und durchziehen, die Masche von der linken Nadel gleiten lassen = 1 Abnahme.

**3 Maschen überzogen zusammenstricken:** 1 Masche wie zum Rechtsstricken abheben = 1. Masche, Faden hinten weiterführen und die folgenden 2 Maschen rechts zusammenstricken = 2. Masche.

Die 1. Masche erfassen und über die 2. Masche ziehen, die 1. Masche von der linken Nadel gleiten lassen. Aus 3 Maschen ist nun 1 Masche entstanden = 2 Abnahmen.

Mehrere Abnahmen übereinander ergeben eine betonte, gerade Linie.

# Schnittform berechnen und Maßtabellen

### Berechnen der Schnittform

Lesen Sie sich vor Beginn die Anleitung immer vollständig durch. Dazu gehört auch der Schnitt. Oft sind Schnitt-Teile nur zur Hälfte gegeben. Entlang der gestrichelten Linie muss dann die entgegengesetzte Hälfte ergänzt werden. Ein- oder zweiseitig begrenzte Linien geben z. B. Tascheneingriffe oder Schlitze an. Stimmt Ihre Maschenprobe mit der in der Anleitung überein, können Sie nach den weiteren Maschenangaben der Anleitung stricken. Weicht Ihre Maschenprobe von der angegebenen ab, müssen Sie die Schnittform für Ihr Modell neu berechnen.
Um das Berechnen zu erleichtern, sind schräge Schnittlinien durch rechtwinklig zueinander stehende Hilfslinien zu ergänzen. Diese Hilfslinien entsprechen dem jeweiligen Maschen- und Reihenverlauf. Sie können nun entsprechend Ihrer Maschenprobe für jedes dieser eingezeichneten Hilfsdreiecke berechnen, wie viele Maschen in wie vielen Reihen zu- bzw. abzunemen sind. Die zu- bzw. abzunehmenden Maschen verteilt man gleichmäßig auf die errechnete Reihenzahl. Wenn in der Anleitung nicht anders erwähnt, werden in jeder 2. Reihe Maschen zu- bzw. abgenommen.

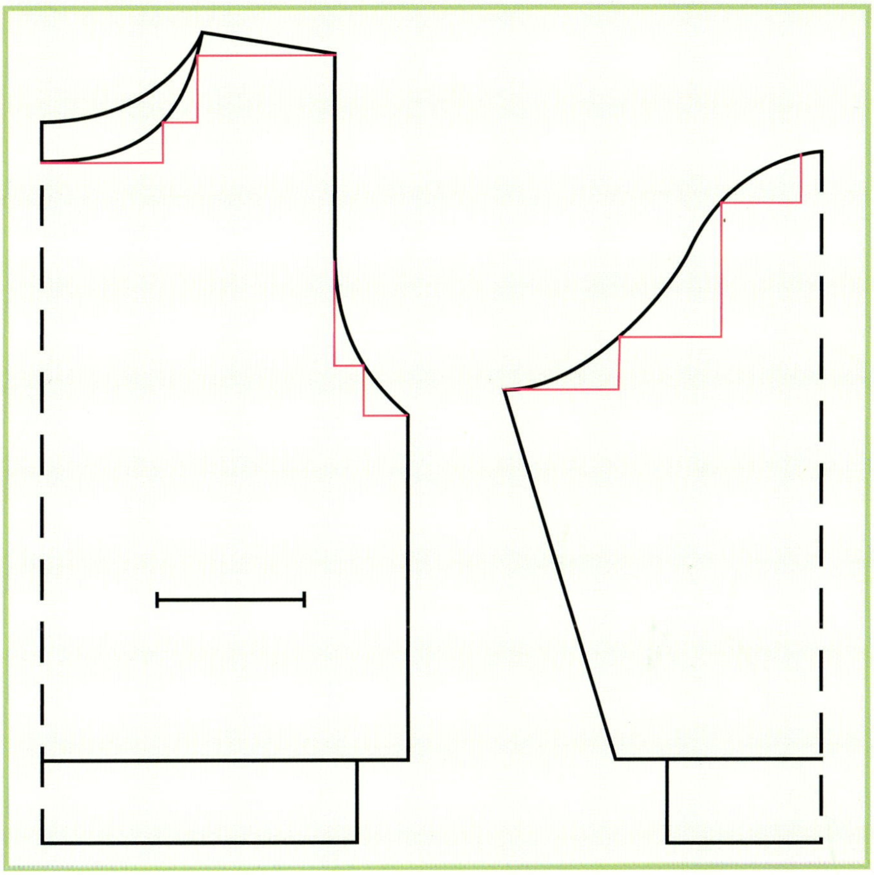

Zum Beispiel bei Ärmelschrägungen oder Ärmelkugeln auf der einen Seite in jeder Hin-Reihe und auf der anderen Seite in jeder Rück-Reihe.

| Damengrößen | | | | | | | | | | | |
|---|---|---|---|---|---|---|---|---|---|---|---|
| Größe | 34 | 36 | 38 | 40 | 42 | 44 | 46 | 48 | 50 | 52 | 54 |
| Oberweite | 82 | 84 | 88 | 92 | 96 | 100 | 104 | 108 | 112 | 116 | 120 |
| Taillenweite | 62 | 64 | 68 | 72 | 77 | 82 | 87 | 92 | 97 | 102 | 107 |
| Hüftweite | 88 | 90 | 94 | 98 | 102 | 106 | 110 | 114 | 118 | 122 | 126 |

| Herrengrößen | | | | | | |
|---|---|---|---|---|---|---|
| Größe | 46 | 48 | 50 | 52 | 54 | 56 |
| Brustweite | 92 | 96 | 100 | 104 | 108 | 112 |
| Bundweite | 80 | 84 | 88 | 92 | 96 | 100 |
| Hüftweite | 96 | 100 | 104 | 108 | 112 | 116 |

| Kindergrößen | | | | | | | | |
|---|---|---|---|---|---|---|---|---|
| Größe/Jahre | 122/7 | 128/8 | 134/9 | 140/10 | 146/11 | 152/12 | 158/13 | 164/14 |
| Oberweite | 64 | 66 | 68 | 70 | 72 | 74 | 79 | 82 |
| Taillenweite | 60 | 61 | 62 | 63 | 64 | 65 | 66 | 66 |
| Hüftweite | 70 | 72 | 74 | 76 | 78 | 80 | 82 | 84 |

# Runde Halsausschnittblenden

Gestrickte Blenden werden im Allgemeinen mit einer kurzen Rundstricknadel oder bei kleinen Ausschnitten mit einem Nadelspiel gestrickt. Die Flexibilität der Rundstricknadel erleichtert das Auffassen der Maschen, außerdem entfällt beim Stricken in Runden die Naht.
Gehäkelte Blenden aus festen Maschen oder Krebsmaschen sind schnell und einfach zu arbeiten und geben dem Halsausschnitt einen festen, stabilen Rand.
Vor dem Arbeiten der Blenden die Schulternähte schließen.

So sieht die gestrickte Halsausschnittblende aus. Nach der Auffass-Runde im Rippenmuster stricken. Bei der angegeben Blendenhöhe die Maschen abketten, wie sie erscheinen.

Mit festen Maschen ist hier der Ausschnittrand umhäkelt. Es wird mit der Häkelnadel von rechts nach links gearbeitet.

Die Krebsmaschen werden von links nach rechts gearbeitet. Die fertige Blende stellt einen schönen, stabilen Abschluss dar.

Gestrickte Blenden:
An der linken Schulternaht beginnen. Beim geraden, senkrechten Reihenlauf mit der Nadel das außenliegende Maschenglied der 1. Masche nach der Rand-Masche erfassen und den Faden durchholen. Bei längeren Geraden empfiehlt es sich, ca. jede 4. Masche zu übergehen.

1

Beim Auffassen aus den Rundungen ebenfalls ein Maschenglied erfassen, hierbei müssen die „Treppchen", die beim Abketten entstanden sind, ausgeglichen werden. Dabei dürfen Sie auch einmal die Masche einer Reihe tiefer erfassen. Zur Verdeutlichung haben wir die Maschen, die in diesem Fall erfasst werden sollen, mit Weiß gekennzeichnet.

2

Beim waagrechten, geraden Abkettrand jeweils das vordere Maschenglied einer abgeketteten Masche erfassen und Faden durchholen.

3

1

## Gehäkelte Blenden:

Für die Blende mit einer Runde festen Maschen an der linken Schulternaht beginnen. Mit der Häkelnadel von vorne nach hinten zwischen Rand-Masche und folgender Masche einstechen, Faden zur Schlinge durchholen = Anfangsschlinge, von vorne zwischen Rand-Masche und folgender Masche einstechen, Faden zur Schlinge durchholen.

Für die Blende mit einer Runde Krebs-Maschen (von links nach rechts arbeiten) von vorne nach hinten durch beide Maschenglieder der darunterliegenden festen Maschen stechen.

4

2

Einen Umschlag arbeiten und diesen durch beide Schlingen ziehen, den Vorgang 1 nach der Anfangsschlinge und 2 stets wiederholen.

Einen Umschlag arbeiten und diesen zur Schlinge durchholen, einen neuen Umschlag arbeiten.

5

3

Bei den Rundungen wie bei der gestrickten Blende verfahren und ebenfalls die durch das Abketten entstandenen „Treppchen“ ausgleichen, dafür auch einmal in eine darunter liegende Masche einstechen. Beim waagerechten Abkettrand jeweils in beide Maschenglieder einstechen.

Den Umschlag durch beide Maschenglieder ziehen. Die drei letzten Arbeitsschritte stets wiederholen.

6

# V-Ausschnittblenden

Diese Ausschnittblenden für Pullover mit spitzen Ausschnitten können auf verschiedene Weisen gestaltet werden. Hier können Sie selbst die Technik wählen, die Ihnen am besten gefällt oder die Sie gerne stricken möchten.

Wir zeigen Ihnen die übereinander liegende Blende. Dabei werden die Enden in der vorderen Mitte übereinander gelegt und die Schmalseiten angenäht.

Außerdem sehen Sie die Blende mit einer hochlaufenden Mittelmasche. Dabei werden gleich beim Stricken in der vorderen Mitte Maschen abgenommem.

Für beide wird in den meisten Fällen mit einer Rundstricknadel gearbeitet, die das Auffassen der Maschen aus dem Ausschnittrand und das Stricken „in der Runde“ ermöglicht. Die Nadellänge richtet sich dabei jeweils nach der Ausschnittgröße Ihres gewünschten Modells.

Für die **übereinander liegende Blende** aus dem Ausschnittrand Maschen auffassen, dabei in der vorderen Mitte beginnen, dafür die erste Masche aus der abgeketteten Mittel-Masche herausstricken.

Die Maschen aus dem linken Ausschnittrand, dem rückwärtigen Ausschnittrand und dem rechten Rand bis zur vorderen Mitte auffassen. Nun in Reihen im Rippenmuster weiterstricken.

Nach 5 Reihen die Maschen abketten, die Schmalseiten der Blende übereinander legen. Die Blende an beiden Schmalseiten mit kleinen Stichen annähen.

**1**

Für die **Blende mit hochlaufender Mittel-Masche** an der linken Schulternaht beginnend gleichmäßig verteilt Maschen auffassen und aus der abgeketteten Mittel-Masche eine neue Mittel-Masche rechts (oder rechts verschränkt) herausstricken.

**2**

1 Runde im Rippenmuster stricken, ab der 2. Runde die Mittel-Masche mit der Masche davor wie zum Rechtsstricken abheben.

**3**

Dann die nach der Mittel-Masche folgende Masche rechts (oder mustergemäß links) stricken.

Nun die beiden zuvor abgehobenen Maschen mit der linken Nadel erfassen und über die gestrickte Masche ziehen. Aus 3 Maschen ist nun die Mittel-Masche übrig geblieben.

**4**

Anschließend stricken Sie im Rippenmuster eine Zwischenrunde ohne Abnahme darüber. (Je nach Material und Ausschnittart kann diese Zwischenrunde auch entfallen und man nimmt in jeder Runde ab.)

**5**

In der nächsten Runde arbeiten Sie für die Spitze den Vorgang 2 – 4 noch einmal. Die Schritte 2 – 5 arbeiten Sie solange, wie Runden in einer Anleitung angegeben sind (oder wie hoch die Blende sein soll). Danach alle Maschen abketten.

**6**

# Die eingestrickte Tasche

Eine Jacke ohne Tasche ist nur die Hälfte wert. Es ist doch so bequem, sich die Hände darin zu wärmen oder das Taschentuch darin zu verstecken. Passend im Muster, mit einer schönen, elastischen Blende im Rippenmuster macht die Tasche das Erscheinungsbild der Jacke erst perfekt.

Es ist leichter, als es aussieht. Unsere Abbildungen zeigen Ihnen ganz genau Schritt für Schritt, wie Sie zu dem fertigen Ergebnis kommen.

Den Taschenbeutel zuerst über 25 Maschen glatt rechts stricken. Dafür stricken Sie in den Hin-Reihen rechte Maschen und in den Rück-Reihen linke Maschen. Die ersten drei Stepps auf dieser Seite zeigen Ihnen noch einmal genau, wie das geht.

1 Masche rechts: von vorne in die Masche einstechen, Faden liegt hinter der Arbeit, Faden durchholen und Masche der Vorreihe von der linken Nadel gleiten lassen.

**1**

1 Masche links: Faden vor die Arbeit legen und abbildungsgemäß in die Masche einstechen.

**2**

Faden mit der Nadel greifen, durchholen und Masche der Vorreihe von der linken Nadel gleiten lassen.

**3**

4

In der angegebenen Reihe für den Tascheneingriff die Maschen mustergemäß bis zur 46. Masche stricken, dann die 46. – 22. Masche auf einer Hilfsnadel stilllegen.

5

In der folgenden Rück-Reihe den zuvor extra gestrickten Taschenbeutel anstelle der stillgelegten Maschen einfügen und die Maschen mustergemäß abstricken.

6

Im Zusammenhang über alle Maschen im Jackenmuster weiterarbeiten. Die Maschen des Tascheneingriffs auf einer Nadel stilllegen.

7

Die stillgelegten Maschen des Tascheneingriffs aufnehmen und für die Blende im Rippenmuster stricken.

8

Bei 3 cm Blendenhöhe die Maschen abketten und die Schmalseiten annähen.

9

Auf der Rückseite den Taschenbeutel festnähen.

# Raglanschrägungen

Pullis oder Jacken mit Raglanschrägungen sind beliebt bei Handstrickmodellen. Die Abnahmen werden gleichmäßig wiederholt und sind deshalb auch recht einfach zu stricken. Sie können dafür Maschen direkt am Rand abnehmen oder auch mit ein paar Maschen Raglanbetonung arbeiten und erst neben dieser für die Schrägung Maschen zusammenstricken.
Unsere ersten beiden Abbildungen zeigen Ihnen zunächst das Halbpatentmuster, das an unseren Beispielen gestrickt wurde. Zum Patentmuster finden Sie auch noch Stepps auf Seite 57 beim Thema Biesen. Auf den Abbildungen 3 bis 7 sehen Sie das Arbeiten der Schrägungen mit Raglanbetonung für die rechte und die linke Seite eines Strickteiles.

**Für das Halbpatentmuster:**
In den Hin-Reihen die rechte Masche, die jeweils zwischen 2 linken Maschen liegt, mit einem Umschlag wie zum Linksstricken abheben, das heißt: den Faden vor die rechte Nadel legen, in die Masche der linken Nadel vorne einstechen und Masche und Faden (Umschlag) auf die rechte Nadel nehmen.

**1**

In der folgenden Rück-Reihe werden die Masche und der darüber liegende Umschlag links zusammengestrickt, die beiden danebenliegenden Maschen rechts stricken.

**2**

**Für die Raglanschrägungen:**
Am rechten und linken Rand je 3 Maschen abketten. (Vor dem Abketten am linken Rand die Masche mit dem Umschlag links zusammenstricken.)

**1**

In der nächsten Hin-Reihe wird die erste Abnahme für die Raglanschrägung am rechten Rand gearbeitet: 3 Maschen mustergemäß stricken, dann die beiden linken Maschen links zusammenstricken.

Am linken Rand die 4. und 5. Masche links zusammenstricken, die folgenden 3 Maschen mustergemäß stricken. In den folgenden Rück-Reihen die zusammengestrickten Maschen jeweils rechts stricken.

In der folgenden Hin-Reihe werden die verbliebene linke Masche und die rechte Masche links zusammengestrickt.

Am linken Rand gegengleich arbeiten, d. h. die rechte Masche und folgende linke Masche 3 Maschen vor dem Rand links zusammenstricken.

In der nächsten Hin-Reihe am rechten Rand nun von den 3 Links-Maschen 2 Maschen links zusammenstricken. Sie sehen nun, dass die danebenliegende Patent-Masche von den Abnahmen nicht berührt wird, sie wird als betonte Masche weitergeführt.

Am linken Rand gegengleich arbeiten, nun liegen wieder 2 Links-Maschen nebeneinander und Sie können die Abnahmen ab Schritt 2 wiederholen, bis die Raglanschrägung fertig gestellt ist.

# Knopflöcher einstricken

Ob nur aus praktischen Gründen zum Schließen von Jacken oder Westen oder auch als zusätzlich gewünschter Ziereffekt dürfen Knopflöcher in der Strickerei natürlich nicht fehlen. Mit den entsprechenden Knöpfen als Gegenstück haben Sie einen praktischen Verschluss für Ihr Strickmodell und erzielen dabei gleichzeitig noch eine dekorative und schmückende Wirkung.

Knopflöcher - ein nötiges und dennoch möglichst unauffälliges Element der Stricktechnik - sollten akkurat gestrickt werden und können auf verschiedene Arten gearbeitet werden. Sie können in jedem Fall die Technik selbst wählen. Die Größe richtet sich nach der jeweiligen Blendenbreite und Knopfgröße, der Abstand nach der jeweiligen Blendenlänge.

**Knopfloch mit abgeketteten Maschen:**
In der 5. Blenden-Reihe (oder wie für Ihre Blende erforderlich) für ein Knopfloch 3 Maschen abketten.

In der folgenden Rück-Reihe 3 Maschen anschlagen und somit den Zwischenraum überbrücken.

Dann mustergemäß bis zur gewünschten Blendenbreite weiter stricken und alle Maschen abketten.

**Knopflöcher in mitgestrickter vorderer Verschlussblende:** Für das 1. Knopfloch in der 3. Reihe ab Anschlag 2 Maschen vor den letzten 3 Maschen abketten. Für größere Knöpfe können auch 3 oder mehr Maschen abgekettet werden.

1

In der folgenden Rück-Reihe die Maschen wieder dazu anschlagen und somit das entstandene Loch überbrücken. In den nächsten Reihen die Maschen wieder im vorgegebenen Muster stricken.

2

Nach entsprechendem Abstand (je nach Anleitung oder eigenen Wünschen) wird das nächste Knopfloch in der gleichen Weise in die Blende eingearbeitet.

3

**Knopflöcher mit Umschlägen und zusammengestrickten Maschen:** In der angegebenen Blendenhöhe in der Hin-Reihe für ein Knopfloch einen Umschlag arbeiten und 2 Maschen zusammenstricken.

1

In der folgenden Rück-Reihe die Masche und den Umschlag mustergemäß abstricken.

2

Werden größere Knopflöcher benötigt, arbeitet man wie folgt: 2 Maschen rechts zusammenstricken, 2 Umschläge arbeiten, 2 Maschen überzogen zusammenstricken. In der folgenden Rück-Reihe die Maschen und Umschläge mustergemäß abstricken.

3

# Reißverschlüsse einnähen

Bei dieser Art Verschluss treffen zwei textile Bereiche aufeinander. Das unflexible, ziemlich fest gewebte Textilband des Reißverschlusses und das weiche, elastische Gestrick. Ein exaktes Arbeiten ist daher erforderlich, damit sich der Schlitzrand später nicht wellt.

Der Fachhandel bietet Reißverschlüsse in vielen Längen und Farben an. Fragen Sie nach in Handarbeitsgeschäften oder den entsprechenden Abteilungen der Kaufhäuser. Für Jacken gibt es auch teilbare Reißverschlüsse. Einen zusätzlichen Effekt kann man durch einen Schmuckzipper erzielen.

Die Schulternähte sind geschlossen, die Halsblende angestrickt und nach innen gesäumt, dabei am Schlitzrand ca. 2 cm Naht offen lassen. Den Reißverschluss auflegen, bei der vorgegebenen Knickstelle bzw. oberhalb des letzten Zähnchens den Reißverschluss nach innen umlegen und in die Blende schieben.

**Einfacher Einsatz:**
Wir haben für die bessere Darstellung einen andersfarbigen Reißverschluss verwendet. Auf der Vorderseite den Reißverschluss so feststecken, dass die Zähnchen-Reihe gut sichtbar bleibt.

Auf der Rückseite den Reißverschluss mit Nähgarn und Steppstichen festnähen. Nur für die Darstellung haben wir ein weißes Garn verwendet, Sie nehmen natürlich ein farblich passendes, so dass die Stepplinie auf der Vorderseite nicht zu sehen ist.

Der Reißverschluss ist eingenäht, auf der Rückseite noch die Blende fertig säumen und die Schmalseiten an das Reißverschlussband nähen.

Beim Feststecken und Einnähen des Reißverschlusses gehen Sie vor wie beschrieben, siehe Abbildung 2 und 3.

**Mit Häkelblende:**
Die Schlitzkante kann auch mit einer Reihe fester Maschen (wie abgebildet) oder Kett-Maschen behäkelt werden. Hier zunächst die Kanten behäkeln, dann die Blende nach innen säumen, dabei am Schlitzrand ca. 2 cm Naht offen lassen. Den Reißverschluss dann wie bei Abbildung 1 auflegen.

Diese Technik empfiehlt sich, wenn die Rand-Maschen nicht so schön ausgefallen sind, dann häkelt man in der gleichen Farbe. Wenn Sie durch einen farbigen Kontrast einen zusätzlichen Effekt erzielen wollen, nehmen Sie eine andere Farbe.

## Reißverschluss und Kuss!

# Konfektionieren und Spannen

Haben Sie die einzelnen Strickteile fertig, steht vor dem ersten stolzen Tragen des guten Stücks noch ein wenig Näharbeit. Fäden müssen sorgfältig und unsichtbar verstochen werden. In dieser Rubrik zeigen wir Ihnen auch, wie Sie während der Strickarbeit einen neuen Faden anschlingen können. Das sollten Sie möglichst immer am Rand tun. Nur, wenn es gar nicht anders geht, innerhalb der Reihe.

Diese „Nacharbeit“ gehört dazu. Beachten Sie unsere Tipps und führen Sie die Arbeitsschritte sorgfältig aus. Dann haben Sie lange Freude an Ihrem Strickmodell.

**Fäden ansetzen:**
Die einfachste Art, mit einem neuen Faden weiterzustricken: am Rand zunächst mit dem neuen Faden einige Maschen stricken, dann die beiden Fäden anziehen, so dass sich ein gleichmäßiges Maschenbild ergibt, und die Fäden verknoten.

**Fäden versäubern am Rand:**
Die Fäden nach dem Zusammennähen in die Naht bzw. in die innenliegenden Rand-Maschen einziehen. Dabei einen Faden nach oben, einen Faden nach unten ziehen.

**Fäden einweben:**
Sollen Fäden innerhalb der Arbeit angesetzt werden, behilft man sich mit einem kleinen Trick. Der alte und neue Faden werden halbiert (=Fäden aufdrehen und teilen). Je eine Hälfte des neuen und des alten Fadens wird zusammengenommen und bildet nun den Arbeitsfaden, die jeweilige andere Hälfte zunächst unberücksichtigt lassen.

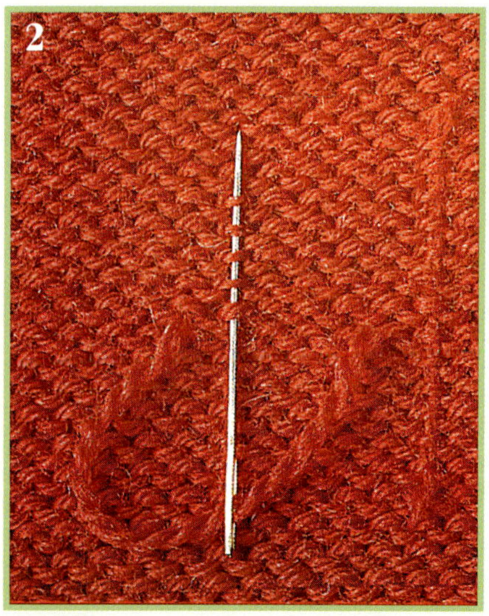


**Fäden versäubern im Strickteil:**
Auf der Rückseite der Arbeit die Fadenenden vernähen, dabei zunächst durch die danebenliegende Masche stechen, so dass der Übergang (=Querfaden) auch aus einem ganzen Faden besteht. Erfassen Sie jeweils nur einen Teil der Maschenglieder, damit der Faden auf der Vorderseite nicht sichtbar ist.

Mit dem Arbeitsfaden einige Maschen stricken. Dann das alte Fadenteil wegnehmen und mit dem ganzen, neuen Faden weiterstricken. Die Fadenenden in der folgenden Reihe auf die Rückseite der Arbeit nehmen und am Schluss versäubern.

## Spannen

Die einzelnen Strickteile sollten vor dem Zusammennähen den Schnittmaßen entsprechend gespannt werden. Sie erreichen dadurch ein schöneres, gleichmäßiges Maschenbild. Die meisten Muster kommen klarer zur Geltung, die Ränder rollen sich nicht mehr ein und damit wird auch das Zusammennähen einfacher.

Als Unterlage eignet sich z.B. eine Styropor- oder Schaumstoffplatte, die mit einer Vlieseline mit Rasteraufdruck (das Raster erleichtert das Spannen nach cm-Angaben) bezogen wird. Ebenso gute Dienste leistet eine große Bügelunterlage. Der Fachhandel bietet hierfür auch eine spezielle Spann- und Dämpfunterlage an.

Zunächst stecken Sie das Strickteil sorgfältig auf. Dazu nehmen Sie Stecknadeln, die Sie möglichst flach durch die Rand-Maschen stechen (Bündchen nicht dehnen!). Wählen Sie dabei die Abstände zwischen den Stecknadeln nicht zu groß, es entstehen sonst hässliche Bogen und der Rand sieht unsauber aus. Nun können Sie das Teil mit einem Wäschesprüher befeuchten oder feuchte Tücher auflegen. Dann lassen Sie das Teil trocknen.

Bei einigen Mustern, z. B. bei Jacquardmustern, empfiehlt es sich, das Teil von links leicht zu dämpfen. Auch das Bügeln mit dem Dampfbügeleisen durch ein trockenes Tuch ist möglich. Dabei sollten Sie jedoch äußerst vorsichtig vorgehen. Achten Sie unbedingt auf die Empfehlung des Herstellers, die auf den Banderolen des Garns vermerkt ist, und drücken Sie das Bügeleisen auf keinen Fall zu fest auf das Gestrick, damit es nicht „platt" gedrückt wird.

# Nähte schließen

Haben Sie nun Ihre Strickteile gut gespannt oder leicht gedämpft, geht es ans Zusammennähen. Beachten Sie dabei die Maße am Schnitt in der Anleitung, die Sie verwendet haben. Oder heften Sie grob alle Teile zusammen, um die Passform vor dem Schließen der Nähte zu prüfen. Schritt für Schritt sehen Sie auf diesen Seiten Varianten für verschiedene Nähte und das Einsetzen von Ärmeln. Achten Sie darauf, dass die Nähte fest, aber elastisch sind. Außerdem muss der Reihen- oder Maschenverlauf an geraden Nähten beachtet werden, damit die Naht am fertigen Stück möglichst unscheinbar ist.

**Schulternähte schließen mit offenen Maschen:** Legt man die Schulter-Maschen auf einer Hilfsnadel still, kann man sie durch eine genähte Maschen-Reihe verbinden. Hierzu ein Maschenglied der letzten und der folgenden Masche erfassen, Faden durchziehen, die Masche von der Nadel gleiten lassen.

**Schulternähte schließen im Maschenstich:** Legen Sie die Abkettränder der Schultern flach gegeneinander. Mit der Nadel eine Masche unter der Abkett-Reihe erfassen und Faden durchziehen.

Am gegenüberliegenden Teil das letzte Maschenglied erfassen und von unten in die nächste Masche auf der Nadel einstechen, die Masche von der Nadel gleiten lassen.

Beim oberen Teil muss man versetzt arbeiten, d. h. ein Maschenglied der letzten und ein Maschenglied der nächsten Masche erfassen, dabei jeweils durch die Mitte zweier Maschen stechen. Nach je ca. 2 cm den Faden anziehen.

**Seitennähte schließen im Matratzenstich:** Vorder- und Rückenteil mit der Vorderseite nach oben parallel nebeneinander legen. Mit der Nadel den Querfaden zwischen der Rand-Masche und der ersten Masche erfassen, Faden durchziehen. Auf der anderen Seite den gegenüberliegenden Querfaden zwischen Rand-Masche und erster Masche erfassen und Faden durchziehen. Diesen Vorgang abwechselnd einmal auf der linken, einmal auf der rechten Seite fortlaufend wiederholen. Nach ca. 2 cm den Arbeitsfaden anziehen.

Stoßen an der Seitennaht zwei Glatt-links-Flächen aneinander, wenden Sie die gleiche Technik an. Den Querfaden zwischen der Rand-Masche und der ersten Masche erfassen und den Faden durchziehen. Den gegenüberliegenden Querfaden erfassen und Faden durchziehen. Nach je ca. 2 cm den Faden soweit anziehen, dass die Naht elastisch bleibt.

**Gerade Ärmel ansetzen:**
Zuerst die Schulternaht schließen und die Ärmelmitte markieren. Die Teile werden mit der rechten Seite nach außen zusammengenäht. Den Ärmel mit Stecknadeln am Vorder- und Rückenteilrand fixieren, die Ärmelmitte trifft auf die Schulternaht.

**Ärmel mit Armkugel einsetzen:**
Die Ärmelmitte markieren. Für diese Naht werden zuerst die Schulter- und Seitennähte sowie die Ärmelnähte geschlossen. Den Ärmel rechts auf rechts in den Armausschnitt legen und mit Stecknadeln befestigen. Die Ärmelmitte trifft auf die Schulternaht, die Ärmelweite gleichmäßig verteilen.

Diese Naht ebenfalls im Maschenstich schließen. Mit der Nadel eine Masche unter dem Abkettrand des Ärmels erfassen und Faden durchziehen.

Diese Naht wird im Steppstich gearbeitet (ausstechen, einen Rückstich arbeiten und vor der Ausstichstelle wieder einstechen). Die Stepplinie soll unterhalb des Abkettrandes verlaufen. Achten Sie beim Ein- und Ausstechen darauf, dass Sie jeweils möglichst nur zwischen die Maschen stechen und diese nicht „verletzen". Überprüfen Sie ab und zu den Verlauf und das Aussehen der Naht auf der rechten Pulliseite.

Beim Vorder- und Rückenteilrand mit der Nadel zwei Querfäden zwischen der Rand-Masche und den danebenliegenden Maschen erfassen und Faden durchziehen. Den Vorgang 2 und 3 stets wiederholen. Nach jeweils ca. 3 cm den Faden soweit anziehen, dass er nicht mehr zu sehen ist, sich aber dennoch eine elastische Naht ergibt.

# Bunte Streifen mit Farbwechsel

Wir beginnen mit einfachen waagerechten und senkrechten Farbwechseln. Die sollten Sie etwas üben, damit die Übergänge sauber und ordentlich aussehen. Gerade bei Kontrastfarben fallen kleine Mängel schnell ins Auge.
Modelle mit farbigen Blockstreifen lassen sich gut nach Zählmustern stricken. Wie Sie an unserem Beispiel sehen, können Sie die Maschen und Reihen in den entsprechenden Farben gut ablesen. Jedes gezeichnete Kästchen entspricht einer gestrickten Masche.

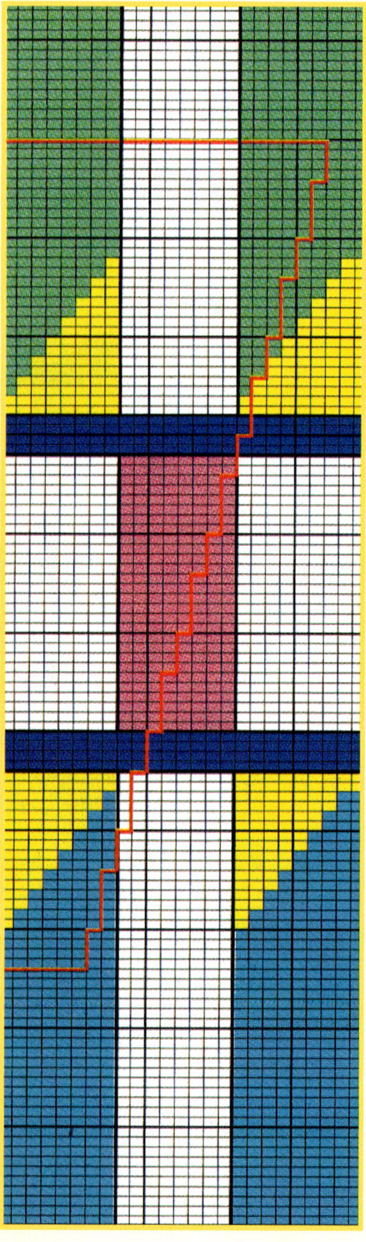

Querstreifen:
Für schönere Farbübergänge werden beim Farbwechsel in der 1. Reihe (Hin-Reihe) immer rechte Maschen gestrickt. Auch wenn der nächste Streifen eigentlich glatt links gestrickt wird, beginnen Sie mit einer Reihe rechte Maschen, in der folgenden Rück-Reihe die Maschen ebenfalls rechts stricken.

Dies gilt auch für die Streifenfolge, die optisch nur glatt linke Flächen zeigt. Auch hier beginnen Sie den neuen Streifen mit 1 Hin-Reihe rechte Maschen.

Schauen Sie sich die Rückseite der ersten Streifenfolge an, Sie sehen, die Farben sind nicht klar voneinander getrennt.

**Längsstreifen:**
Für jeden Streifen mit einem extra Knäuel stricken. Beim Farbwechsel die Fäden übereinander legen (verkreuzen), damit keine Löcher entstehen.

Die neue Farbe nun auf den linken Zeigefinger nehmen, dabei auf eine gleichmäßige Fadenspannung achten, eventuell das vorherige Garn mit der rechten Hand festhalten, bis einige Maschen gestrickt sind.

Auf der Rückseite verkreuzen Sie die Fäden ebenso; Sie sehen, dass die Maschen sich wie die Glieder einer Kette verbinden.

Auch hier auf eine gleichmäßige Fadenspannung achten.

**Schräglaufende Flächen:**
Bei schräglaufenden Flächen die Verkreuzungen ebenso laut Zählmuster arbeiten. Jede Fläche mit einem extra Knäuel stricken. Haben Sie nicht so viele Knäuel zur Verfügung, wickeln Sie entsprechende Garnmengen auf kleine Spulen ab, die wir Ihnen auf Seite 10/11 zeigen.

# Mehrfarbige Jacquardmuster

Als Jacquard- oder Norwegermuster werden solche Muster bezeichnet, für die man zwei oder mehr Farben in einer Reihe verstrickt. Sie werden meist glatt rechts nach einem Zählmuster gearbeitet, das Hin- und Rück-Reihen zeigt, wie Sie am unteren Beispiel sehen. Die Hin-Reihen von rechts nach links, die Rück-Reihen von links nach rechts lesen. Achten Sie bei den Rück-Reihen darauf, dass Sie jeweils über der Masche wieder anfangen, bei der Sie geendet haben.

In den meisten Fällen ändert sich beim Jacquardmuster die Maschenprobe, es ergeben sich weniger Reihen auf 10 cm. In der Breite sollte sich die Maschenzahl auf 10 cm nicht ändern, dies erreichen Sie durch gleichmäßiges Arbeiten und durch das Spannen der fertigen Teile.

Jacquardmuster sind auch eine Übungssache, es ist vor allem wichtig, auf eine gleichmäßige Fadenspannung zu achten.

Hier sehen Sie die Vorderseite des Jaquardmusters. In den mehrfarbigen Reihen wird jeweils mit einem roten, gelben bzw. grünen Faden zusätzlich gestrickt. Mit ein wenig Übung und nach dem Spannen der Arbeit sollte das Maschenbild so gleichmäßig aussehen.

Hier sehen Sie die Rückseite des Jaquardmusters. Die Spannfäden auf der Rückseite der Strickerei sind deutlich zu sehen. Die gleichmäßige Spannung dieser Fäden, nicht zu fest und nicht zu locker, ist besonders wichtig für ein gutes Maschenbild.

1

Sie haben die Grundfarbe und die Schmuckfarbe zusammen um den Zeigefinger der linken Hand gewickelt. Nun die Maschen laut Zählmuster abstricken. Den nicht benötigten Faden auf der Rückseite der Arbeit locker weiterführen. Wird der andere Faden gebraucht, die Maschen auf der rechten Nadel etwas auseinander schieben, so dass der Faden zur neuen Masche den richtigen Abstand erhält. Keinesfalls sollen die Maschen durch die Spannfäden zusammengezogen werden. Kontrollieren Sie während der Arbeit ab und zu die korrekte Spannung.

2

Auf der Rückseite wird ebenso gearbeitet, die Fäden werden vor der Arbeit weitergeführt. Hier ist es manchmal hilfreich, den nicht benötigten Faden mit der linken Hand fest- bzw. fernzuhalten, damit die Masche mustergemäß links gestrickt werden kann. Bei größeren Abständen empfiehlt es sich, besonders auf eine gleichmäßige Fadenspannung zu achten.

3

Um die Fadenspannung an den Rändern beizubehalten, werden die Rand-Maschen jeweils mit allen Fäden der Reihe gestrickt.

4

Der Fachhandel bietet für das Stricken mit zwei Fäden einen speziellen Strickfingerhut, den wir Ihnen auf Seite 10/11 zeigen, an. Er erleichtert das Arbeiten, die Garne können sich nicht miteinander verdrehen.

# Muster mit Hebemaschen

Hebemaschen sind meist obenaufliegende, betonte, lang gezogene Maschen. Gerade beim mehrfarbig Stricken können so reizvolle Effekte auf eine einfache Art erzielt werden.

Im Gegensatz zur Jacquardtechnik ist das Stricken mit Hebemaschen wesentlich einfacher. Optisch ähneln sich manchmal beide Muster. Aber bei den Hebemaschen wird pro Reihe immer nur mit einer Farbe gearbeitet. Das erleichtert die Arbeit natürlich. Sehr schön lassen sich Muster mit Hebemaschen auch mit anderen Strukturen und Techniken kombinieren. Zum Beispiel mit kraus rechts, wie unsere erste Arbeitsprobe unten zeigt. So kann man mehrfarbige Hebemaschen mit mehrfarbigen kraus rechts gestrickten Reihen gut zusammen arbeiten.

Je nach Lust und Laune und Ihren Strickerfahrungen können Sie häufig die Farben wechseln und das ganze Modell im Hebemaschenmuster mit vielen Mustervarianten stricken. Sie können aber auch an sonst glatt gestrickten Teilen nur schmale bunte Bordüren arbeiten.

Hebemaschen eignen sich besonders gut in Kombination mit kraus rechts. Eine Masche links abheben = in die Masche so einstechen, als wollte man sie links stricken, und die Masche auf die rechte Nadel nehmen, den Arbeitsfaden hinter der Masche weiterführen. In den Rück-Reihen wird der Faden vor der Masche weitergeführt.

1 Masche abheben:
In der Hin-Reihe 1 Masche links abheben, das bedeutet: in die Masche einstechen, als wollten Sie diese links abstricken, und die Masche von der linken auf die rechte Nadel heben. Den Faden hinter der Arbeit bzw. hinter der Masche weiterführen.

In der Rück-Reihe die Maschen ebenso links abheben, den Faden jedoch auf der Rückseite der Arbeit, also vor der Masche weiterführen. Die blaue Masche wurde nun über 2 Reihen nur abgehoben und nicht gestrickt, auf der Vorderseite erscheint sie als lange Masche.

Einzelne Maschen können auch über 4 Reihen abgehoben werden, dabei entstehen längere Maschen, siehe die Maschen in Orange über den weißen Maschen. Das Foto zeigt die 2. Hin-Reihe, in der die weiße Masche abgehoben wird, den Faden auf der Rückseite weiterführen.

Diese Abbildung zeigt die 2. Rück-Reihe, in der die weiße Masche abgehoben wird, der Faden wird vor der Masche weitergeführt.

3 Maschen abheben:
3 Maschen nacheinander links abheben und auf die rechte Nadel nehmen, den Faden auf der Rückseite locker weiterführen.

In der Rück-Reihe die Maschen ebenfalls links abheben, den Faden jedoch vor der Arbeit weiterführen.

# Ajourmuster stricken

Ajourmuster, auch Durchbruch- oder Lochmuster genannt bieten eine Fülle von Variationsmöglichkeiten. Sie sind normalerweise einem einfachen Prinzip unterworfen: für jedes Loch, das durch einen Umschlag entstanden ist und eine Zunahme bedeutet, muss im Laufe der Arbeit ein Ausgleich durch eine Abnahme geschaffen werden. Die Anordnung der Löcher und Abnahmen ergibt das Muster, das auf der Nadel bzw. beim Gestrick manchmal anders aussieht als die Strickschrift darstellt, die sich mit Symbolen innerhalb eines horizontalen und vertikalen Schemas bewegen muss. Deshalb ist es manchmal ganz sinnvoll, sich stur an das Abstricken der Symbole zu halten, ohne auf die vorherige oder nachfolgende Reihe zu achten.
In Strickschriften für Ajourmuster gibt es oft so genannte leere Kästchen. Diese übergehen Sie ganz einfach beim Stricken. Die haben für das Stricken keine Bedeutung, man braucht sie nur für die zeichnerische Darstellung.

Hier ist ein Musterbeispiel für eine Bordüre. Das fertige Muster zeigt, dass die Umschläge und Maschen Diagonalen bilden.

Das ist ein Einzelmotiv. Sie sehen deutlich, wie sich durch das Zusammenspiel von Umschlägen und Maschen ein symmetrisches Muster ergibt.

Einen Umschlag arbeiten heißt: den Faden von vorne nach hinten über die rechte Nadel legen.

**1**

Nach einem Umschlag als Ausgleich einen Überzug arbeiten: die Masche nach dem Umschlag wie zum Rechtsstricken abheben, die folgende Masche rechts stricken und die abgehobene Masche darüber ziehen.

**2**

In den Rück-Reihen den Umschlag links stricken, stets den Umschlag wie eine Masche behandeln und links abstricken. Bei Modellen nach den Angaben in Strickschriften und Anleitung arbeiten.

**3**

Diese Abbildung zeigt, wie Umschläge gebildet, Maschen rechts zusammenstrickt, 1 Überzug gearbeitet und 3 Maschen überzogen zusammengestrickt wurden.

2 Umschläge nacheinander arbeiten heißt: den Faden zweimal von vorne nach hinten um die Nadel schlingen. In diesem Falle wird das in einer Rück-Reihe (= Rückseite der Arbeit) ausgeführt.

Nach dem Umschlag werden 2 Maschen wie zum Rechtsstricken abgehoben. Dafür von vorne in beide Maschen stechen und diese auf die rechte Nadel heben. Die folgende Masche rechts stricken, die beiden abgehobenen Maschen darüber ziehen und dann 1 Umschlag bilden. Aus 3 Maschen ist eine Masche entstanden. Das entspricht 2 Abnahmen für 2 Umschläge.

In der folgenden Hin-Reihe wird der 1. Umschlag rechts, der nächste Umschlag rechts verschränkt (das hintere Maschenglied erfassen und Faden durchziehen) gestrickt.

Das kleine Lochmuster zeigt übereinander gesetzte Löcher.

Dadurch entsteht ein kleines, gleichmäßiges Ajourflächenmuster, das sich entsprechend beim Stricken von Doppelumschlägen und zusammen gestrickten Maschen ergibt.

# Zopfmuster

Für Zopfmuster gelten stets die gleichen Regeln. Entweder über die Maschen Ihrer gewünschten Zopfbreite oder nach der Anleitung und Strickschrift Ihres gewählten Modells die angegebene Maschenzahl auf eine Hilfsnadel nehmen, vor oder hinter die Arbeit legen, die angegebene Maschenzahl mustergemäß stricken, dann die Maschen der Hilfsnadel stricken.

Der Handel bietet dafür spezielle Zopfmusternadeln, wie Sie auf Seite 10/11 sehen. Das sind entweder Nadeln mit einem Knick in der Mitte, der das Heruntergleiten der Maschen verhindert, oder kurze, gerade Hilfsnadeln. Gerade für breite Zöpfe, die mit mehreren Verzopfungen zu stricken sind, sind die Hilfsnadeln unverzichtbar.

Wenn Sie später etwas Übung haben, können Sie jedoch schmale Zöpfe auch ohne Hilfsnadel stricken. Fangen Sie mit schmalen, gleichmäßigen Zöpfen an. Erst wenn Sie ein wenig mehr Strickerfahrung haben, sollten Sie sich an Zopfmuster mit mehreren Zöpfen wagen. Denn bei unterschiedlichen Zopflängen und -breiten ist es nicht ganz einfach, die Übersicht für die nächsten Verkreuzungen zu behalten.

Die nächsten 3 Maschen der linken Nadel rechts stricken, die Hilfsnadel bleibt unbearbeitet vor der Arbeit liegen.

Nun die Maschen der Hilfsnadel rechts abstricken, der Zopf ist entstanden.

**Maschen nach links verzopfen:**
Die folgenden 3 Maschen auf eine Hilfsnadel nehmen und vor die Arbeit legen.

**Maschen nach rechts verzopfen:**
3 Maschen auf eine Hilfsnadel hinter die Arbeit legen.

Zuerst die 3 Maschen der linken Nadel rechts stricken. Dann die 3 Maschen der Hilfsnadel rechts abstricken.

**Verzopfung mit 2 Hilfsnadeln:** 4 Maschen auf 1. Hilfsnadel vor die Arbeit legen, die folgenden 2 Maschen der linken Nadel auf eine 2. Hilfsnadel hinter die Arbeit legen.

Bei einer **Verzopfung mit ungleicher Maschenzahl** bleibt genauso das Prinzip erhalten: 4 Maschen auf eine Hilfsnadel vor die Arbeit legen, 1 Masche links stricken, dann die 4 Maschen der Hilfsnadel rechts stricken.

Zuerst die folgenden 4 Maschen der linken Nadel rechts stricken, dann die 2 Maschen der 2. Hilfsnadel links stricken. Zuletzt die 4 Maschen der 1. Hilfsnadel rechts stricken, die Verzopfung ist beendet.

1 Masche auf eine Hilfsnadel hinter die Arbeit legen, 4 Maschen der linken Nadel rechts stricken, dann die Masche der Hilfsnadel links stricken.

Die Verkreuzung in die andere Richtung unterliegt dem gleichen Prinzip: 4 Maschen auf die 1. Hilfsnadel hinter die Arbeit legen, 2 Maschen auf die 2. Hilfsnadel hinter die Arbeit legen (dies zeigt das Foto), nun 4 Maschen der linken Nadel rechts stricken, die 2 Maschen der 2. Hilfsnadel links stricken, dann die 4 Maschen der 1. Hilfsnadel rechts stricken.

# Gestrickte Noppen

Noppen beleben immer das Strickbild. Ob auf einer Glatt-rechts-Fläche oder innerhalb eines Musters, Noppen heben sich plastisch ab.

Sie werden auf unterschiedliche Art und Weise gestrickt, aber immer existiert ein Prinzip: aus einer Masche werden mehrere Maschen herausgestrickt, einige Reihen werden darüber gestrickt und anschließend werden die Maschen wieder zusammengefasst, so dass am Ende wieder eine Masche übrig bleibt.

Aus einer Masche 1 Masche rechts herausstricken, die Masche jedoch auf der linken Nadel lassen.

Aus der gleichen Masche 1 Masche links herausstricken, die Masche jedoch auf der linken Nadel lassen, den Vorgang 1 und 2 solange wiederholen, bis die angegebene Maschenzahl (in diesem Fall 5 Maschen) auf der rechten Nadel erreicht ist.

Die Arbeit wenden und nur über die fünf herausgestrickten Maschen linke Maschen stricken.

4

Die Arbeit erneut wenden und nur über die herausgestrickten Maschen rechte Maschen stricken. Den Vorgang 3 und 4 wie angegeben, hier noch einmal, wiederholen.

7

Bei einer ungeraden Maschenzahl innerhalb des Musters kann man die Noppe auch aus dem Querfaden zwischen zwei Maschen herausstricken, die Noppe wird dann wie oben gestrickt.

5

Nun nacheinander die 4., 3., 2. und 1. Masche mit der linken Nadel erfassen und über die 5. Masche ziehen.

8

Die Noppen-Maschen können auch anstelle des Überziehens (in einer Hin-Reihe) rechts verschränkt zusammengestrickt werden, dafür auf der Rückseite durch alle Maschen stechen und den Faden durchholen.

6

Nach dem Überziehen bleibt eine Masche übrig, diese wird wieder ins Muster integriert und in der Rück-Reihe mustergemäß links (oder rechts) abgestrickt.

9

Sollen die Noppen noch eine besondere Struktur erhalten, kann man sie auch kraus rechts stricken, d. h., die Maschen werden nach jedem Wenden rechts gestrickt.

# Biesen und Patentmuster

Im Bereich der Stricktechnik stellen Biesen ein schmückendes, plastisches Element dar, das auf unterschiedliche Weise eingesetzt werden kann. Biesen können unregelmäßig über verschiedene Maschen- und Reihenzahlen oder wie hier gezeigt mit Patentmuster kombiniert über stets die gleiche Maschen- und Reihenzahl gearbeitet werden.

Auf der Abbildung in dieser Spalte unten sehen Sie eine der Möglichkeiten von Musterkombinationen. Außerdem zeigen Ihnen unsere Arbeitsfotos Schritt für Schritt, wie eine Biese zu stricken ist.

Der Vollständigkeit halber finden Sie auf den letzten vier Abbildungen dieser Seiten auch noch dargestellt, wie das Patentmuster gestrickt wird und wie das Maschenbild auf der Vorderseite bzw. der Rückseite aussieht.

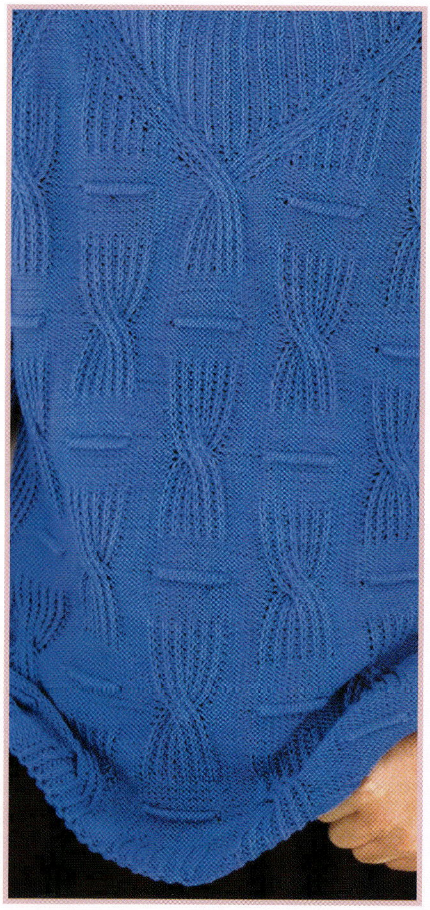

Biesen:
Die 11 Biesen-Maschen nach 8 Reihen glatt links jeweils genau über den Patentmaschen rechts stricken.

1

Nun die Arbeit wenden und auf der Rückseite nur die 11 Biesen-Maschen links zurückstricken, die anderen Maschen bleiben ungestrickt auf der Nadel.

2

Jetzt die Arbeit wieder wenden und auf der Vorderseite 11 Maschen rechts stricken. Den Vorgang noch einmal wiederholen und mit einer Rückreihe linke Maschen enden.

3

Die Arbeit wenden und auf der Rückseite der Arbeit mit der rechten Nadel den unter der 1. Masche liegenden Querfaden der ersten Biesen-Reihe erfassen und auf die linke Nadel hochziehen.

Jetzt die hochgezogene Masche und die folgende Masche der linken Nadel rechts zusammenstricken, es bleibt eine Masche übrig. Den Vorgang 4 und 5 solange wiederholen, bis die 11 Biesen-Maschen aufgebraucht sind.

Hier sehen Sie, wie die plastische Biese auf der Nadel liegt und gleich anschließend glatt links weitergestrickt wird.

**Patentmuster:**

Hier wird gezeigt, wie eine linke Masche mit einem Umschlag abgehoben wird. Dafür den Arbeitsfaden auf die rechte Nadel nehmen und die folgende Masche wie zum Linksstricken abheben.

Hier sehen Sie, wie eine rechte Masche und der darüber liegende Umschlag zusammengestrickt werden. Dafür mit der rechten Nadel in die Masche und den darüber liegenden Umschlag einstechen und beide rechts zusammenstricken.

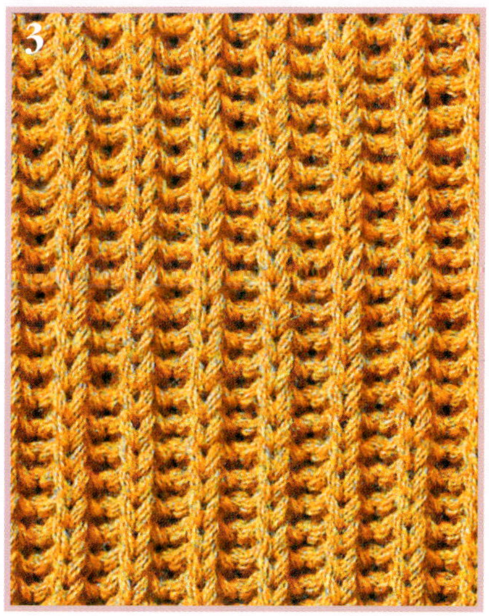


Das Maschenbild von dieser einfachen Art Patentmuster sehen Sie auf dieser Abbildung. Ein anders Patentmuster stellten wir Ihnen bereits auf Seite 34 vor.

# Sticken auf Maschen

Bei der Kombination von Stricken und Sticken bieten sich eine ganze Reihe von Dekorationsmöglichkeiten. Für Details an Kindersachen, an Strickmodellen im Trachtenlook oder dem Romantikstil können dekorative Stickereien vielseitige Anwendung finden.

Der Maschengrund wird hier zur zählbaren Unterlage, auf die Stickstiche gearbeitet werden können. Unser Zählmuster mit Zeichenerklärung zeigt Ihnen an einem Beispiel, wie eine Vorlage für die Stickerei aussehen kann, die Sie dann in den folgenden Schritten in Wort und Bild näher erklärt finden. Sie können die verschiedenen Stickstiche in harmonischen Farbabstufungen oder kräftig bunt ausführen. Die Stiche lassen sich als Einzelmotiv oder als ganze Bordüre miteinander kombinieren.

Achten Sie auf sauberes Vernähen des Stickfadens auf der Rückseite der Strickerei. Führen Sie dunkle Stickfäden unter hellen Strickstücken nicht von einem Motiv zum nächsten, weil der Faden sonst durchscheint.

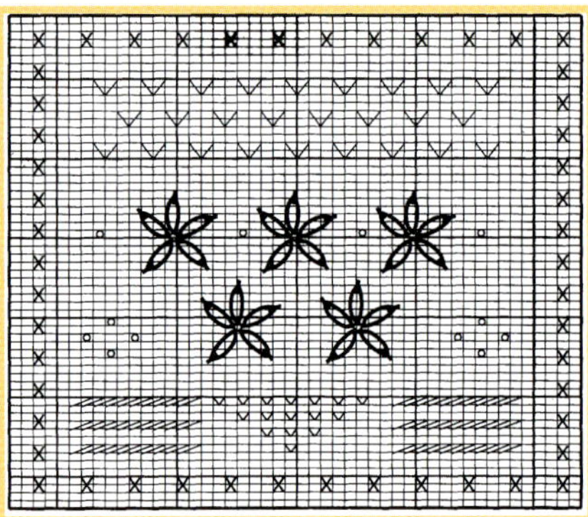

Zeichenerklärung zum Zählmuster

X = Kreuzstiche in Mittelblau

V = M-Stich über 2 M und 2 R in Hellblau

V = M-Stich über 1 M und 1 R in Mittelblau

/// = Spannstiche in Hellblau

○ = Knötchenstich

= Margeritenstich

1 Kästchen = 1 M und 1 R

**Beide Abbildungen zeigen den Maschenstich über 1 Masche und 1 Reihe.**
Zuerst wie oben gezeigt in der Mitte unter dem Querfaden der Masche ausstechen und mit der Nadel den oberen Teil der Masche umfassen.

Dann in die Mitte der Masche einstechen und die Nadel zur nächsten Ausstichstelle führen.

**Beide Abbildungen zeigen den Maschenstich über 2 Maschen und 2 Reihen.**
Zuerst unter dem Querfaden zwischen 2 Maschen ausstechen und mit der Nadel 2 Maschen 2 Reihen darüber umfassen.

Dann in die Ausstichstelle zurückstechen und die Nadel zur nächsten Ausstichstelle nach 4 Maschen führen, den Abstand gibt das Zählmuster an.

**Beide Abbildungen zeigen den Kreuzstich über 1 Masche und 2 Reihen.**
Dafür vor der Masche ausstechen und mit der Nadel 1 Masche 2 R darüber umfassen.

Dann nach der Masche in gleicher Höhe wie die Ausstichstelle einstechen und die Nadel zur neuen Ausstichstelle führen, Abstand siehe Zählmuster.

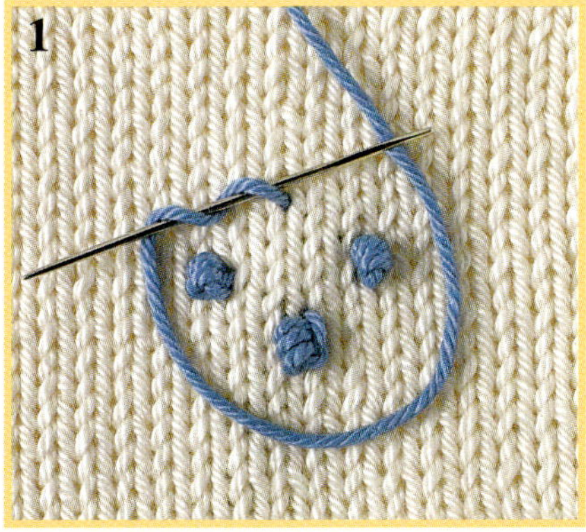


**Beide Abbildungen zeigen Knötchenstiche.**
Zuerst an vorgegebener Stelle ausstechen und den Faden mindestens 2-mal um die Nadel schlingen. Je öfter der Faden um die Nadel geschlungen wird, desto „dicker" wird der Knoten.

Dann die Schlingen auf der Nadel mit dem Daumen festhalten und Nadel durchziehen. Dicht neben der Ausstichstelle einstechen.

**Beide Abbildungen zeigen Spannstiche über 2 Maschen und 1 Reihe.**
Zuerst vor dem Maschenpaar ausstechen und nach der 2. Masche 1 Reihe höher wieder einstechen.

Da die Spannstiche schräg verlaufen sollen, liegt die neue Ausstichstelle zwischen dem vorherigen Maschenpaar.

**Beide Abbildungen zeigen den Margeritenstich.**
Zuerst in die Blütenmitte einstechen und nach vorgegebenem Abstand (siehe Zählmuster) ausstechen, Faden zur Schlinge um die Spitze legen (beim ersten Blatt zuerst in der Blütenmitte ausstechen).

Dann ausstechen, kurz nach der Schlinge einstechen und in der Blütenmitte wieder ausstechen. Nach dem letzten Blatt den Faden vernähen oder die nächste Blüte beginnen.

# Stickmotive übertragen und Sticken

Hier bietet sich eine fast unerschöpfliche Vielfalt an möglichen Motiven und Details, die mit wenigen Hilfsmitteln auf das bereits gestrickte Teil übertragen werden können. Gerade im Bereich Folklore und Trachten sowie Mode im Landhaus- oder Romantikstil wird diese Technik immer wieder eingesetzt, so können ganze Landschaften oder Blumenwiesen, Häuser und Tiere entstehen.

***Tipp***

*Stramin z. B. ist ein Zählstoff als Stickhilfe. Er ermöglicht das Übertragen der Motive und verhindert ein Verziehen des Strickstückes während der Stickerei. Ist die Stickarbeit beendet, lassen sich die Fäden des Zählstoffes entfernen. Das geht einfacher, wenn Sie ihn etwas anfeuchten. Da der Zählstoff fadengerade gewebt ist, können Sie ihn auch für Kreuzstich-Stickerei verwenden, wenn Sie nicht direkt auf den Maschengrund sticken wollen.*

Das Motiv mit einem Filzstift auf Papier übertragen (Papier auflegen, Konturen nachzeichnen). Nun kleine Stücke eines Zählstoffes (Stramin) auf die Motive legen und mit dem Aqua Trickmarker (z. B. von Prym, kann mit Wasser entfernt werden) nachziehen. Kleinere Motivgruppen auf ein Stück übertragen (siehe Haus und Baum).

Linien werden im Stielstich gearbeitet. Achten Sie unbedingt bei allen Sticktechniken darauf, dass durch Stoff und Gestrick gestochen wird. Beim Zählstoff stets durch die Gewebelöcher und nicht in die Fäden stechen, sonst gibt es beim Entfernen Probleme.

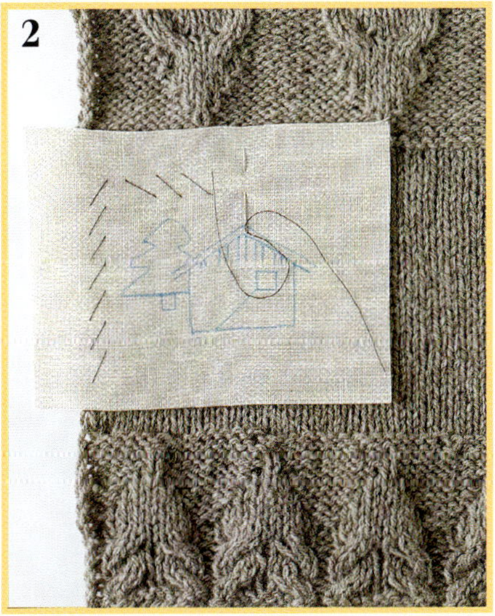


Die Motive auf der Glatt-rechts-Fläche der Vorderteile mit Näh- oder Heftgarn fixieren. Das wird durch Heften bzw. Pikieren erreicht, so kann sich der Stoff beim Sticken nicht verschieben.

Ist das Motiv fertig gestickt, werden die Heftfäden entfernt. Nun die Längs- und Querfäden der Stickhilfe herausziehen (eventuell mit Hilfe einer Pinzette). Je lockerer das Gewebe ist, desto besser lassen sich die Fäden ausziehen.

Nun die Flächen mit den angegebenen Farben oder nach eigener Vorstellung mit Plattstichen ausfüllen. Bei größeren Flächen, wie bei der Hausfront, empfiehlt es sich, die Plattstiche versetzt zu arbeiten. Beim Tannenbaum wird einfach die Stickrichtung geändert.

Das Motiv ist nun mustergemäß auf dem Gestrick. Es ist größtenteils sinnvoller, einzelne kleine Motive zu übertragen, da so die Anordnung nach der Schemazeichnung individuell gestaltet werden kann und das Sticken und Ausziehen der Fäden einfacher ist.

# Fransen und Quasten

Die Grundtechniken dafür sind immer dieselben. Es werden Fäden verknüpft oder abgebunden. Was am Ende daraus entsteht, bleibt ganz allein dem „Künstler“ überlassen. Im Folgenden sind Schritt für Schritt einige Anregungen gezeigt.

Die untere Abbildung zeigt Ihnen eine Quaste aus schwarzem Glanzgarn mit hellen Perlen verziert. Für eine kleine Tasche ist das der richtige Schmuck. Wie es gemacht wird, sehen Sie auf den letzten vier Abbildungen dieser Seiten. Außerdem finden Sie noch Fransen, fröhlich bunt oder klassisch, festlich, ganz wie Sie es wünschen.

Bunte Fransen:
Für eine Franse die angegebene Länge und Anzahl der Fäden zuschneiden (fertige Länge mal 2 plus Zugabe für die Verknüpfung). Die Fäden zur Hälfte legen, mit der Häkelnadel in den Rand einstechen und Fäden zur Schlaufe durchziehen.

1

Mit der Häkelnadel alle Fäden erfassen und diese durch die Schlaufe ziehen.

2

Die fertigen Fransen auf eine Länge zurechtschneiden. Fransen sind z. B. ein beliebter und sehr dekorativer Abschluss für die geraden Ränder eines Schals.

3

**Fransen im Häkelrand:**

1

Für diese Fransen den zu beknüpfenden Rand zunächst mit Krebsmaschen (feste Maschen rückwärts) behäkeln. Für eine Franse 4 Fäden, je 25 cm lang, zuschneiden (fertige Länge ca. 10 cm), die Fäden zur Hälfte legen. Mit der Häkelnadel durch die Krebs-Maschen-Reihe stechen und die Fäden zur Schlaufe durchziehen.

2

Mit der Häkelnadel alle Fäden erfassen und diese durch die Schlaufe ziehen. Fransen zum Schluss auf eine Länge schneiden. Zur Verzierung Perlen in verschiedenen Ausführungen auffädeln und am Rand festnähen.

**Quasten herstellen:**

1

Dafür ein Rechteck aus Pappe (Größe entspricht ungefähr der Länge der Quaste) zuschneiden und mit Garn umwickeln (je mehr gewickelt wird, desto dicker wird die Quaste). Danach den oberen Teil mit einem extra Faden (je nach Garnstärke mit 2-fachem Faden) verknoten. Dann den unteren Teil an der Kante aufschneiden.

2

Das Fadenbündel ca. 2 cm unterhalb des oberen Knotens abbinden = mehrfach umwickeln. Den unteren Rand begradigen = Fäden auf eine Länge zurückschneiden.

3

Die Abbindung kann auch durch eine Perlenkette aus kleinen Holzperlen verdeckt werden. Die Abbildung zeigt auch, wie die Quaste durch Perlenschnüre, Ton in Ton oder bunt, verziert werden kann.

4

Sehr dekorativ kann man Quasten mit großen Perlen bzw. Kugeln dekorieren. Die fertige Quaste wird einfach durch die Perle mit entsprechend großer Öffnung gezogen.

# Bunte Quasten und Pompons

Wie Quasten gebunden werden, haben wir Ihnen auf Seite 63 schon gezeigt. Hier kommen noch ein paar phantasievolle und bunte Varianten.

Natürlich dürfen auch die kullerrunden, bunten Pompons nicht fehlen. So groß oder klein, wie Sie es wünschen, sind sie für die heißgeliebten „Bommelmützen“ unverzichtbar.

Probieren Sie ruhig auch die Wirkung an Schals, wie die untere Abbildung zeigt, oder an Pullis aus.

Bei **Quasten** kann auch ein Garn-Zopf, der vorher geflochten wurde, als schmückendes Element sehr gut aussehen.

1

Hier wurden Kordeln, die zunächst angefertigt werden müssen, über das Rechteck gewickelt und mit einem Zopf abgebunden.

2

Zunächst eine einfache Quaste anfertigen, diese 4-mal oder in einer gewünschten Anzahl bündeln. In jedem Bündel eine kleine Quaste befestigen. Die Bündel zusätzlich mit Garn umwickeln.

3

**Für die Anfertigung von Pompons benötigt man Hilfsmittel.** Bestens geeignet ist dafür ein Pompon-Set (von INOX, dieses Set beinhaltet Schablonen, mit denen Pompons von 3,0; 4,5; 5,5 und 9 cm Durchmesser hergestellt werden können). Für einen Pompon sind 4 Teile nötig.

Jetzt mit einer Schere zwischen den beiden Plastik-Ringen die Umwicklungen durchschneiden.

Je 2 Teile aneinanderfügen, je eines mit einfacher, eines mit doppelter Lasche. Dann die Teile mit dem Garn locker umwickeln. Je dichter die Umwicklung ist, desto schöner wird anschließend der Pompon.

Mit einem doppelten Faden zwischen den Plastikringen den Pompon fest abbinden und die Fäden verknoten. Mit diesen Fäden kann der Pompon später an die Mütze genäht werden.

Nun die beiden Teile miteinander verbinden, dafür die einfachen Laschen in die doppelten stecken.

Die Plastikteile entfernen und den Pompon „in Form" schneiden.

# Socken stricken

Socken oder Strümpfe werden immer nach den gleichen Regeln gestrickt, deshalb ist es nur eine Frage der Zeit bzw. der Übung, bis Sie mühelos die tollsten Modelle nacharbeiten können. Wer einmal in den Genuss von selbstgestrickten Socken gekommen ist, der will sie nie mehr missen! Die Wolle ist meist so ausgerüstet, dass die Socken problemlos in der Waschmaschine gewaschen werden können.

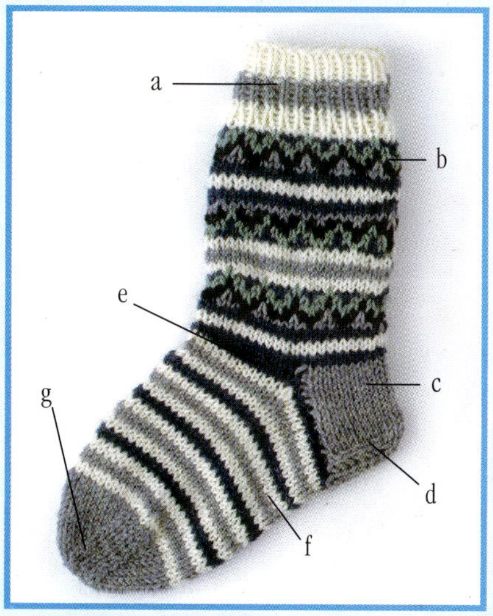


a = Bund
b = Schaft
c = Fersenwand
d = Fersenkäppchen
e = Zwickel
f = Fuß
g = Bandspitze

Die angegebene Maschenzahl anschlagen und auf das Nadelspiel verteilen. Das Bündchen und den Schaft wie angegeben stricken. Die Fersenwand über die Maschen der 1. und 4. Nadel glatt rechts in Reihen hochstricken (an unserem Beispiel 22 Maschen), dafür die Maschen auf eine Nadel nehmen, die Maschen der 2. und 3. Nadel unbearbeitet liegen lassen.

Die Maschen der 2. und 3. Nadel auf eine Nadel nehmen. Für das Käppchen die Maschen der Fersenwand auf 3 Nadeln verteilen, in diesem Fall auf die 1. und 3. Käppchen-Nadel je 8 Maschen, auf die mittlere Nadel 6 Maschen.

Die Maschen der 1. Nadel und 5 Maschen der mittleren Nadel stricken, dann die 6. Masche mit der folgenden Masche der 3. Nadel rechts verschränkt zusammenstricken.

Arbeit wenden, die 1. Masche der mittleren Nadel wie zum Linksstricken abheben, die folgenden 4 Maschen links stricken, dann die 6. Masche mit der 1. Masche der 1. Nadel links zusammenstricken.

Arbeit wenden, die erste Masche der mittleren Nadel wie zum Rechtsstricken abheben, dann 4 Maschen rechts stricken und wieder die 6. Masche mit der folgenden Masche der 3. Nadel zusammenstricken. Den Vorgang 3 und 4 solange wiederholen, bis nur noch die 6 Maschen der mittleren Nadel übrig sind, das Käppchen ist beendet.

Jetzt geht es wieder in Runden weiter, Rundenbeginn ist die Käppchenmitte. Aus den seitlichen Rändern der Fersenwand zu der ersten Nadel die angegebene Maschenzahl auffassen, die folgenden Maschen wieder auf 2 Nadeln verteilen, aus dem anderen Rand ebenfalls Maschen auffassen und restliche Maschen des Käppchens hinzufügen = 4. Nadel.

Für den Zwickel in jeder 2. Runde die letzten beiden Maschen der 1. Nadel rechts zusammenstricken, die ersten beiden Maschen der 4. Nadel rechts überzogen zusammenstricken. Diese Abnahmen solange wiederholen, bis die angegebene oder ursprüngliche Maschenzahl erreicht ist.

Ab der angegebenen Höhe die Bandspitze beginnen, dafür zunächst in jeder 2. Runde die zweit- und drittletzte Masche der 1. und 3. Nadel rechts sowie die zweite und dritte Masche der 2. und 4. Nadel rechts überzogen zusammenstricken. Ist nur noch die Hälfte der Maschen vorhanden, die Abnahmen in jeder Runde arbeiten, bis nur noch je 2 Maschen pro Nadel übrig sind.

Die restlichen Maschen auf eine Nähnadel nehmen und mit dem Arbeitsfaden zusammenziehen. Den Faden auf der Innenseite vernähen.

# Fäustlinge stricken

Auch in der kalten Jahreszeit wollen wir Spaß im Freien haben! Dabei ist das richtige Outfit maßgebend und Handschuhe, aus Wolle selbstgestrickt, gehören unbedingt dazu. Sie werden in Runden mit einem Nadelspiel gearbeitet und können auch reichlich verziert werden. Sehr dekorativ sind Struktur- oder Zopfmuster auf dem Handrücken. Auch Norwegermuster oder aufgestickte Motive sind sehr beliebt.

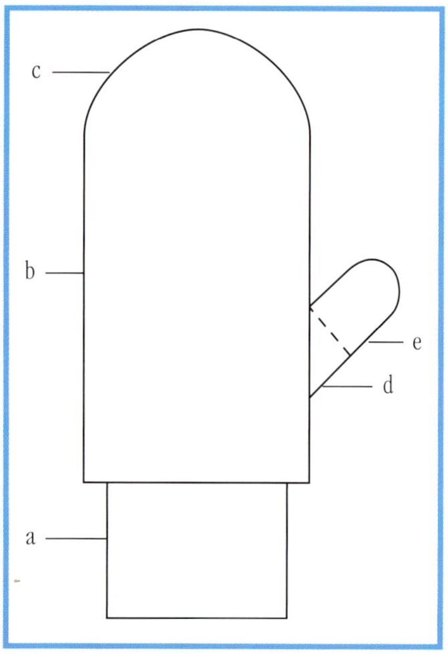


a = Bündchen
b = Handfläche
c = Spitze
d = Daumensteg
e = Daumen

Zunächst wie angegeben ein Bündchen im Rippenmuster stricken, dann glatt rechts weiterstricken. Nach 2 Runden den Daumen beginnen, dafür nach der 1. Masche der 1. Nadel 1 Masche rechts verschränkt aus dem Querfaden herausstricken: Die herausgestrickte Masche wird als Daumen-Masche bezeichnet.

2 Runden glatt rechts darüber stricken, dann in der 3. Runde beidseitig der Daumen-Masche jeweils 1 Masche rechts verschränkt aus dem Querfaden herausstricken (den Querfaden als Masche auf die linke Nadel nehmen, mit der rechten Nadel das hintere Maschenglied erfassen und Faden durchholen). In unserem Beispiel beidseitig der Daumen-Masche auf diese Weise je 4 Maschen zunehmen.

Anschließend die 1. Masche der 1. Nadel rechts stricken, die 9 Daumen-Maschen auf einer Sicherheitsnadel stilllegen und dafür einen Daumensteg (= Ersatz für die stillgelegten Maschen) bilden = 4 Maschen neu anschlagen. In Runden glatt rechts über alle Maschen weiterstricken.

Ab der 2. Runde nach dem Zwischenanschlag müssen die Steg-Maschen wieder abgenommen werden, dafür 2 Maschen (die 1. und 2. Masche) des Stegs rechts zusammenstricken. Diesen Vorgang noch 3-mal in jeder 2. Runde wiederholen, damit sind die Steg-Maschen abgenommen und es ist die gleiche Maschenanzahl wie nach dem Bündchen vorhanden.

Für den Daumen aus dem Daumensteg 5 Maschen auffassen und die stillgelegten Maschen von der Sicherheitsnadel hinzufügen = 14 Maschen, die Maschen auf 3 oder 4 Nadeln verteilen und in Runden glatt rechts hoch stricken.

In Runden gerade hoch stricken und je nach gewünschter Handflächengröße mit der Spitze beginnen: bei der 1. und 3. Nadel die 2. und 3. Masche rechts verschränkt zusammenstricken.

Für die Daumenspitze werden in benötigter Höhe bei 4 Nadeln 2-mal jeweils die ersten beiden Maschen jeder Nadel rechts zusammengestrickt, bei 3 Nadeln 2-mal jede 3. und 4. Masche sowie 2-mal jede 1. und 2. Masche jeder Nadel rechts zusammengestrickt, bis noch 5 Maschen auf den Nadeln sind.

Bei der 2. und 4. Nadel für die Spitze die zweit- und drittletzte Masche rechts zusammenstricken. Schritt 5 und 6 so oft wiederholen, bis nur noch je 2 Maschen pro Nadel übrig sind. Die restlichen 8 Maschen mit dem Faden und einer Sticknadel ohne Spitze zusammenziehen (siehe auch Daumen).

Die restlichen je 5 Maschen mit dem Faden zusammenziehen, dafür mit einer Sticknadel ohne Spitze die Maschen nacheinander aufnehmen und den Faden anziehen. Faden auf der Innenseite vernähen.

# Top, Kurzpulli und Kinderpullover

**Größe:** 36/38 (40/42) 44/46

**Material:**
- für das Top 100 g blau (Fb 23), je 50 g weiß (Fb 5) und rot (Fb 9), für den Pulli 250 (300) 350 g blau (Fb 23) „Leggero“ (100 % Microfaser, LL = 160 m/50 g) von Lana Grossa
- Je 1 Paar Schnellstrick-N Nr 3,5 und 4
- Je 1 Rundstrick-N Nr 3,5 und 4
- Häkel-N Nr 3,5

**Kr re mit N Nr 3,5 in R**: Hin- und Rückr re M;
**in Rd**: abw je 1 Rd li und re M.
**Gl re mit N Nr 4**: Hinr re M, Rückr li M.
**Gl li mit N Nr 4**: Hinr li M, Rückr re M.
**Streifenfolge**: 2 R Marine, * je 4 R Rot, Marine, Weiß, Marine, ab * stets wdh.
**Maschenprobe**: 16 M und 30 R mit Nd Nr 4 = 10 x 10 cm.

## Top

**Rückenteil**: 73 (79) 85 M in Blau anschl und für die Blende 1 cm kr re arb. Danach gl re in der Streifenfolge weiterarb. Für die Seitenschrägungen nach 8 cm = 24 R ab Blende beids je 1 M abn, dies noch 2 x in jeder 10. R wdh = 67 (73) 79 M. Nach 18 cm = 54 R ab Blende wieder beids 3 x in jeder 10. R je 1 M zun = 73 (79) 85 M. Für die Armausschnitte nach 32 cm = 96 R ab Blende beids in jeder 2. R 1 x 3 M, 1 (2) 2 x je 2 M, 4 x je 1 M und in jeder 4. R 3 x je 1 M abk = 49 (51) 57 M. Für den Halsausschnitt nach 43 cm = 130 R (45 cm = 136 R) 47 cm = 142 R ab Blende die mittl 15 (17) 19 M abk und beide Seiten getrennt beenden. Für die Rundung am inneren Rand in jeder 2. R 1 x 3, 1 x 2, 2 x je 1 M und in jeder 4. R 2 x je 1 M abk. Die restl je 8 (8) 10 Schulter-M nach 51 cm = 154 R (53 cm = 160 R) 55 cm = 166 R ab Blende abk.

**Vorderteil**: Genauso, jedoch mit tieferem Halsausschnitt arb. Dafür bereits nach 40 cm = 120 R (42 cm = 126 R) 44 cm = 132 R ab Blende die mittl 11 (13) 15 M abk und in jeder 2. R 1 x 3, 1 x 2, 3 x je 1 M und in jeder 4. R 3 x je 1 M abk.

**Fertigstellung**: Seiten- und Schulternähte schließen. Aus dem Halsausschnittrand mit der Rundstrick-N in Blau 102 (108) 114 M auffassen und 1 cm kr re str, dann alle M abk. Aus den Armausschnitträndern mit der Rundstrick-N in Blau je 84 (92) 98 M auffassen und 1 cm kr re str, dann alle M abk.

## Pulli

*Achtung!* Der Pulli wird in einem Stück von Ärmel zu Ärmel gestr. Pfeil im Schnitt = Strickrichtung.

**Ausführung**: Am li Ärmel beginnend 42 (46) 46 M anschl und für die Blende 1 cm kr re arb. Danach gl li weiterstr. Für die Ärmelschrägungen nach 19 cm = 56 R ab Blende beids je 1 M zun, diese Zunahmen noch 6 x in jeder 6. R, 6 x in jeder 4. R und 4 x in jeder 2. R wdh. Anschließend noch beids in jeder 2. R 1 x 2, 1 x 3, 1 x 4 (5) 6 und 1 x 6 (6) 8 M dazu anschl. Damit sind nach 45 cm = 134 R ab Blende 106 (112) 118 M vorhanden. Gerade weiterarb. Für den Halsausschnitt nach 61 cm = 182 R (63 cm = 188 R) 65 cm = 194 R ab Blende die Arbeit in der Mitte teilen. Die letzten 53 (56) 59 M stilllegen und zuerst über der re Hälfte das Rückenteil weiterarb, dabei für die Halsrundung am inneren Rand in jeder 2. R 1 x 2 und 1 x 1 M abk = 50 (53) 56 M. Nach 70 cm = 210 R (72 cm = 216 R) 74 cm = 222 R ab Blende ist die rückwärtige Mitte erreicht. Nun über der li Hälfte das Vorderteil weiterarb, dabei für die Halsrundung am inneren Rand in jeder 2. R 1 x 4, 1 x 3, 1 x 2, 2 x je 1 M abk = 42 (45) 48 M. Nach Erreichen der vord Mitte die 2. Hälften ggl beenden, d. h. Abnahmen werden zu Zunahmen und umgekehrt. Nach 140 cm = 420 R (144 cm = 432 R) 148 cm = 444 R ab Blende über den restl 42 (46) 46 M noch 1 cm kr re arb, danach alle M abk.

**Fertigstellung**: Seiten- und Ärmelnähte schließen. Aus dem Halsausschnittrand mit der Rundstrick-N M auffassen wie folgt: Ca. 2 cm vor der vord Mitte beginnen und für den Übertritt bis zur vord Mitte 3 M auffassen, dann aus dem restl Halsausschnittrand 80 M auffassen und für den Untertritt 3 M dazu anschl = 86 M. In offener Arbeit gl li str. Nach 24 cm = 72 R Kapuzenhöhe für die Kopfform wie folgt weiterarb: Die mittl 18 M markieren. In der folg Hinr bis 1 M vor der 1. markierten M str, diese M mit der markierten M li zusstr, 16 M li str, dann die 2. markierte M mit der folg M li verschr zusstr und die R beenden. In der folg Rückr bis 1 M vor der 1. markierten M str, diese M mit der markierten M re verschr zusstr, 16 M re, dann die 2. markierte M mit der folg M re zusstr und die R beenden. Diese Abnahmen noch 4 x in jeder folg R wdh = 6 abgenommene M pro Seite. Danach die äußeren je 28 M

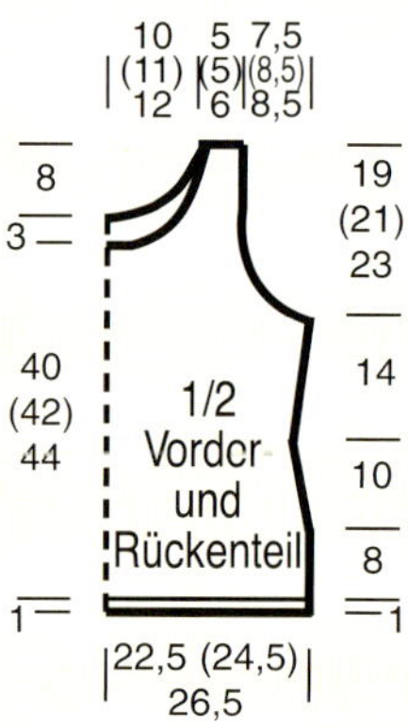


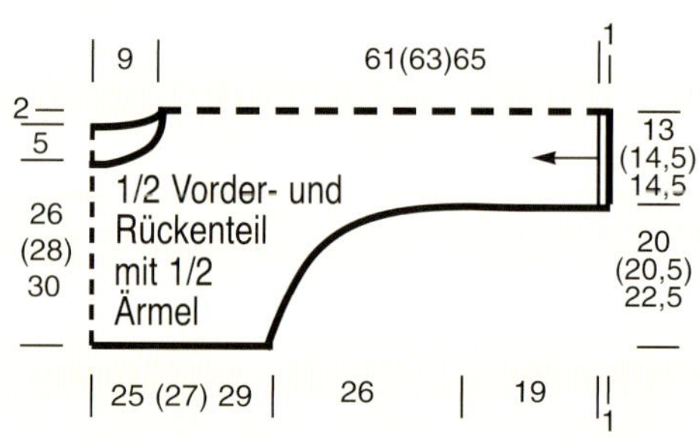

auf je 1 Hilfs-N legen und wie folgt weiterarb: * In der Hinr li M str bis zur letzten M der mittl 18 M, dann diese M mit der 1. M der Hilfs-N li zusstr, die Arbeit wenden, in der Rückr 1 M li abh, re M str bis zur letzten M der mittl 18 M, dann diese M mit der 1. M der Hilfs-N re zusstr, wenden, 1 M li abh, ab * stets wdh, bis alle seitl M aufgebraucht sind, dann die restl 18 M abk. Den Untertritt befestigen. Kapuzenrand und unteren Pullirand mit je 1 Rd fe M umhäkeln, dabei den unteren Pullirand leicht einhalten.

## Kinderpullover

**Größe:** 110/116 (122/128) 134/140

**Material:**

- 200 (250) 300 g blau (Fb 23), je 50 g weiß (Fb 5) und rot (Fb 9) „Leggero" (100 % Microfaser, LL = 160 m/50 g) von Lana Grossa
- Je 1 Paar Schnellstrick-N Nr 3,5 und 4
- Rundstrick-N Nr 3,5

**Gl re in R**: Hinr re M, Rückr li M; **in Rd**: stets re M str.
**Streifenfolge 1 in gl re**: 52 (58) 64 R Blau, 4 R Weiß, 4 R Blau, 24 R Rot, 4 R Blau, 4 R Weiß, dann in Blau enden.
**Streifenfolge 2 in gl re**: 4 R Blau, 4 R Weiß, 4 R Rot, dann in Blau enden.
**Maschenprobe**: 16 M und 30 R mit Nd Nr 4 = 10 x 10 cm.

**Rückenteil**: Mit N Nr 3,5 in Blau 63 (69) 76 M anschl und für die Rollblende 3 cm gl re str. Anschließend mit Nd Nr 4 in der Streifenfolge 1 weiterarb. Nach 39 cm = 118 R (42 cm = 126 R) 45 cm = 136 R ab Rollblende alle M abk. Die äußeren je 18 (21) 23 M bilden die Schultern, die mittl 27 (27) 30 M den Halsrand.

**Vorderteil**: Genauso, jedoch mit Halsausschnitt arb. Dafür nach 34 cm = 102 R (37 cm = 110 R) 40 cm = 120 R ab Rollblende die mittl 11 (11) 14 M abk und beide Seiten getrennt beenden. Für die Rundung am inneren Rand in jeder 2. R 1 x 3, 1 x 2 und 3 x je 1 M abk.

**Ärmel**: Mit N Nr 3,5 in Blau 34 (37) 37 M anschl und für die Rollblende 3 cm gl re str. Anschließend mit Nd Nr 4 in der Streifenfolge 2 weiterarb. Gleichzeitig für die Ärmelschrägungen ab Rollblende beids 9 (11) 12 x in jeder 8. R und 2 (0) 0 x in jeder 6. R je 1 M farbgemäß zun = 56 (59) 61 M. Nach 30 cm = 90 R (32 cm = 96 R) 34 cm = 102 R ab Rollblende alle M abk.

**Fertigstellung**: Schulternähte schließen. Für die Halsausschnittblende mit der Rundstrick-N in Blau 64 (64) 70 M auffassen und 3 cm gl re str. Danach alle M locker abk. Ärmel einsetzen, Seiten- und Ärmelnähte schließen.

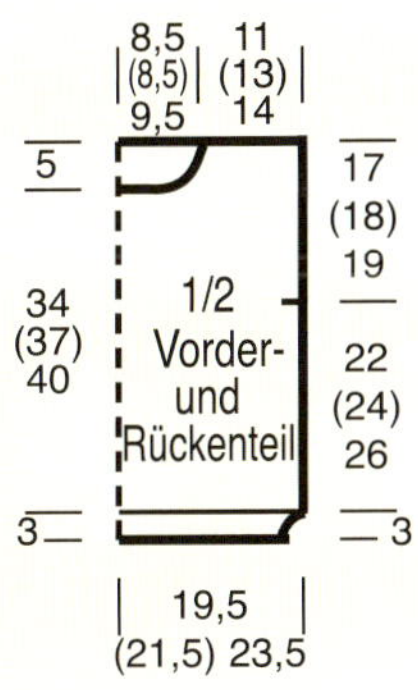


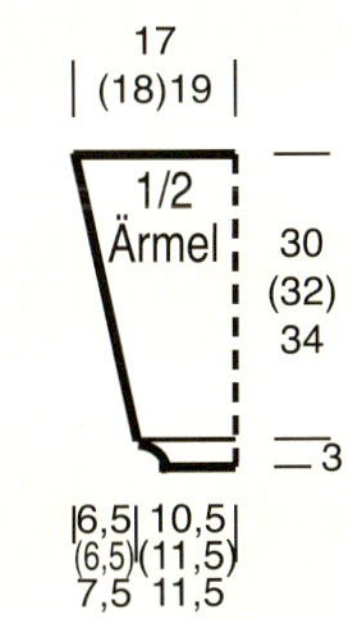

# Raglanpulli in Oliv oder Wollweiß

*Farbvariante*

**Größe:** 36/38, 40/42, 44/46

Die abweichenden Angaben der größeren Größe stehen in Klammern bzw. hinter den Schrägstrichen.

**Material:**

- 700 (750/800) g oliv (Fb 311) „Style Print" (36% Baumwolle, 36 % Microfaser, 28% Polyamid, LL = 80 m/50 g) von Lana Grossa
- Stricknadeln 7 und 8
- Eine kurze Rundstrick-N 7

**Bundmuster mit N 7:** 3 M re, 3 M li im Wechsel.
**Strukturmuster mit N 8:** Laut Strickschrift arb. Es sind nur die Hin-R gezeichnet, in den Rück-R die M stricken, wie sie erscheinen.
**Abnahmen am re Rand:** Rand-M, 1 M re, 1 M re abh, 1 M re, die abgehobene M überziehen.
**Abnahmen am li Rand:** 2 M re zusstr, 1 M re, Rand-M.
**Maschenprobe:** Im Strukturmuster sind 12,5 M und 20 R = 10 x 10 cm.

**Rückenteil:** 64 (68/74) M anschl und 4 cm Bundmuster str. In der letzten R verteilt 2 (0/0) M zun. Weiter zwischen den Rand-M im Strukturmuster ab Pfeil A (B/C) str. 32 cm ab Bund beids für die Raglanschrägungen 1 x 1 (2/3) M abk und in jeder 2. R 22 (23/24) x 1 M abn, dabei die Abnahmen am re und li Rand wie beschrieben arb. 20 (21/22) cm ab Beginn der Raglanschräge für den Halsausschnitt die mittl 14 (12/14) M abk und über beide Seiten getrennt zu Ende str. Dabei in der 2. R am Halsausschnittrand 1 x 3 M abk. 22 (23/24) cm ab Beginn der Raglanschrägung sind alle M abgenommen.

**Vorderteil:** Wie Rückenteil, jedoch mit tieferem Halsausschnitt. Dafür 49 (50/51) cm ab Bund die mittleren 8 (6/8) M abk und über beide Seiten getrennt zu Ende str. Dabei in jeder 2. R am Halsausschnittrand 2 x 2 und 2 x 1 M abnehmen. 5 cm ab Halsausschnittbeginn sind alle M abgenommen.

**Ärmel:** Je 29 M anschl und 3 cm Bundmuster str. In der letzten R 1 M abn. Weiter zwischen den Rand-M im Strukturmuster str. Für die Ärmelschrägung beids in jeder 6. R 13 x 1 (abw in jeder 6.+ 4. R 15 x 1/abw in jeder 6.+4. R 15 x 1) M mustergemäß zunehmen. 40 cm ab Bund für die Armausschnitte und Raglanschrägungen beids wie beim Rücken M abn. 22 (23/24) cm ab Beginn der Raglanschrägungen die restlichen M gerade abk.

**Fertigstellung:** Die Pulloverteile leicht anfeuchten und laut der im Schnitt stehenden Maße spannen und trocknen lassen. Die Raglan-, Seiten- und Ärmelnähte schließen. Aus dem Halsausschnitt mit der Rund-N 60 (60/66) M aufnehmen und 5 cm im Bundmuster str. Die M abk. Zum Schluss alle Nähte leicht ausdämpfen.

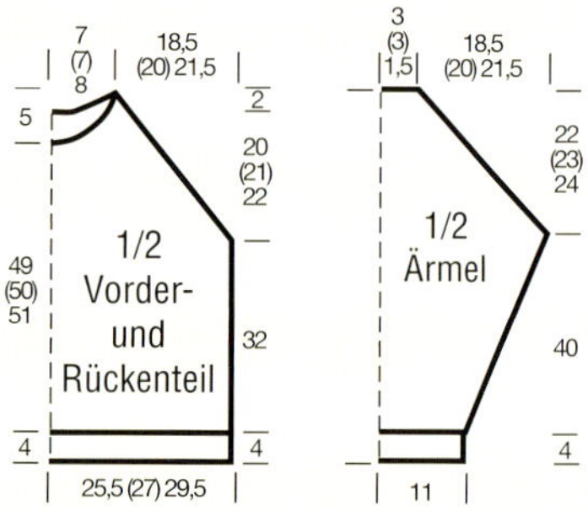


*Strukturmuster über 8 M*

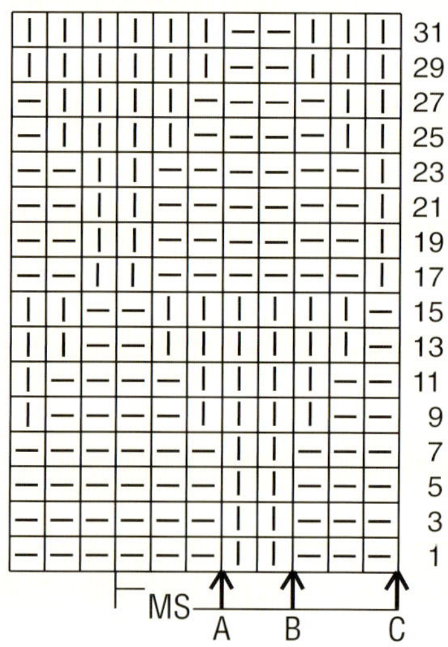


*Zeichenerklärung*

| = 1M re  – = 1M li

## Farbvariante

**Größe:** 36/38, 40/42, 44/46

Die abweichenden Angaben der größeren Größe stehen in Klammern bzw. hinter den Schrägstrichen.

**Material:**
- 600 (650/700) g wollweiß (Fb 05) „Bingo" (100% Schurwolle, LL = 80 m/50 g) von Lana Grossa
- Stricknadeln 4,5 und 5,5
- eine kurze Rundstrick-N Nr 4,5

*Achtung!* Musterbeschreibung und Schnitt siehe olivfarbenes Modell.
**Maschenprobe**: Im Strukturmuster 17 M und 25 R = 10 x 10 cm.

**Rückenteil**: 86 (92/98) M anschl und 4 cm Bundmuster str. In der letzten R verteilt 2 (0/0) M zun. Weiter zwischen den Rand-M im Strukturmuster ab Pfeil A (B/C) str. 32 cm ab Bund für die Raglanschrägungen 1 x 2 (2/3) M abk und in jeder 2 R 28 (30/32)x 1 M abn, dabei die Abnahmen am re und li Rand wie beschrieben arb. 20 (21/22) cm ab Beginn der Raglanschräge für den Halsausschnitt die mittl 20 (20/20) M abk und über beide Seiten getrennt zu Ende str. Dabei in jeder 2. R am Halsausschnittrand 2 x 2 M abk. 22 (23/ 24) cm ab Beginn der Raglanschrägung sind alle M abgenommen.

**Vorderteil**: Wie Rückenteil, jedoch mit tieferem Halsausschnitt. Dafür 49 (50/51) cm ab Bund die mittleren 14 (14/14) M abk und über beide Seiten getrennt zu Ende str. Dabei in jeder 2. R am Halsausschnittrand 2 x 2 und 3 x 1 M abnehmen. 5 cm ab Halsausschnittbeginn sind alle M abgenommen.

**Ärmel**: Je 38 M anschl und 4 cm im Bundmuster str. Weiter zwischen den Rand-M im Strukturmuster ab Pfeil A str. Für die Ärmelschrägung beids in jeder 6. R 16 x 1 (abw in jeder 6.+4. R 20 x 1/ abw in jeder 6.+4. R 20 x 1) M mustergemäß zunehmen. 44 cm ab Anschlag für die Armausschnitte und Raglanschrägungen beids wie beim Rücken M abn. 22 (23/24) cm ab Beginn der Raglanschrägungen die restlichen M gerade abk.

**Fertigstellung**: siehe olivfarbenes Modell.

# Cremefarbener Kurzarm-Pulli

**Größe:** 36/38, 46/48

Die abweichenden Angaben der größeren Größe stehen in Klammern.

**Material:**
- 500 (600) g creme (Fb 25) „Elastico" (96% Baumwolle, 4% Polyester, LL = 160 m/50 g) von Lana Grossa
- Stricknadeln 3,5
- Eine kurze Rundstrick-N Nr 3

**Glatt rechts:** Hin-R re M, Rück-R li M.
**Glatt links:** Hin-R li M, Rück-R re M.
**Bundmuster mit N 3:** 2 M glatt re, 2 M glatt li im Wechsel.
**Lochmuster über 25 M mit N 3,5:** Laut Strickschrift str. Es sind die Hin-R gezeichnet. In den Rück-R die M str, wie sie erscheinen, dabei die verschr M li verschr und die Umschläge li str. Mit den M vor dem MS beginnen und den MS wdh. 1x die 1.–18. R str, die 19.–42. R stets wiederholen.
**Maschenprobe:** Im Lochmuster sind 23,5 M und 30 R = 10 x 10 cm.

**Rückenteil:** 131 (156) M anschl. Zwischen den Rand-M im Lochmuster str. 43 (41) cm ab Anschlag für die Armausschnitte in jeder 2. R beids 0 (1) x 8, 1 x 5, 1 x 4, 1 x 3 und 1 (2) x 2 M abn. Für die Größe 36/38 zu Beginn der R anstelle des doppelten Überzuges 2 M re zusstr und am Ende der R 1 Überzug str. 18 (20) cm ab Beginn der Armausschnitte für den Halsausschnitt die mittleren 31 (32) M abk und über beide Schultern getrennt zu Ende str. Dabei in der 2. R am Halsausschnittrand 1x 6 M abk. Die restlichen 30 (32) Schulter-M bei einer Halsausschnitthöhe von 2 cm gerade abk.

**Vorderteil:** Wie Rückenteil, jedoch mit tieferem Ausschnitt. Dafür 12 (14) cm ab Beginn der Armausschnitte die mittleren 15 (16) M abk und über beide Schultern getrennt weiterstr. Dabei in jeder 2. R am Ausschnittrand 1 x 3, 4 x 2 und 3 x 1 M abnehmen. 8 cm ab Ausschnittbeginn die restlichen 30 (32) Schulter-M gerade abk.

**Ärmel:** Dafür je 95 (105) M anschl. Zwischen den Rand-M im Lochmuster bei A (B) beginnend str. Stets nur so viele Umschläge arbeiten, wie Abnahmen gestrickt werden. Für die Ärmelschrägung in jeder 4. R beids 7 (9) x 1 M mustergemäß zunehmen. 10 (12) cm ab Anschlag für die Armkugel in jeder 2. R beids 1 x 7, 1 x 6, 1 x 5, 2 (3) x 3, 6 (8) x 2, 2 x 3, 1 x 4 und 1 x 5 M abn. 10 (12) cm ab Beginn der Armkugel die restlichen M gerade abk.

**Fertigstellung:** Die Pulloverteile leicht anfeuchten und laut der im Schnitt stehenden Maße spannen und trocknen lassen. Die Schulter- und Seitennähte schließen. Aus dem Halsausschnitt mit der Rund-N 92 M aufn und 3 cm im Bundmuster str. Die M abk. Die Armkugeln einhalten. Die Ärmel einnähen. Zum Schluss alle Nähte leicht ausdämpfen.

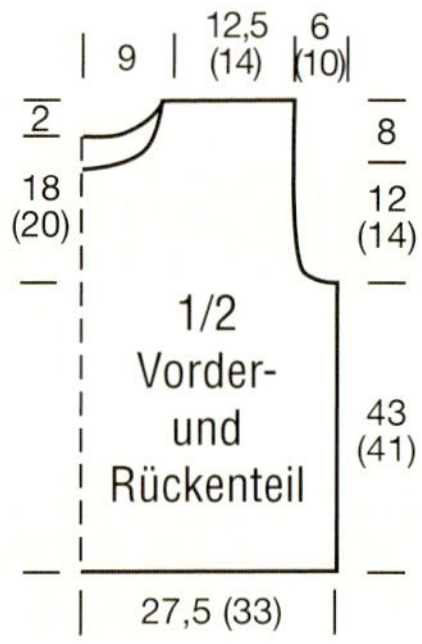


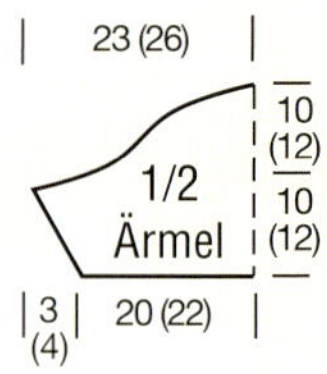


*Zeichenerklärung*

- | = *1 M re*
- – = *1 M li*
- < = *1 M re verschränkt*
- U = *1 Umschlag*
- = *2 M re zusstr*
- ↓ = *1 Überzug: 1 M re abheben, 1 M re str und die abgehobene M drüberziehen*
- ↑ = *1 doppelter Überzug: 2 M zus re verschränkt abh, 1 M re str und die abgehobenen M drüberziehen*
- = *2 M nach re verkreuzen re: 1 M auf eine Zopf-Nd hinter die Arbeit legen, 1 M re und die M der Zopf-Nd re str*

*Lochmuster über 25 M*

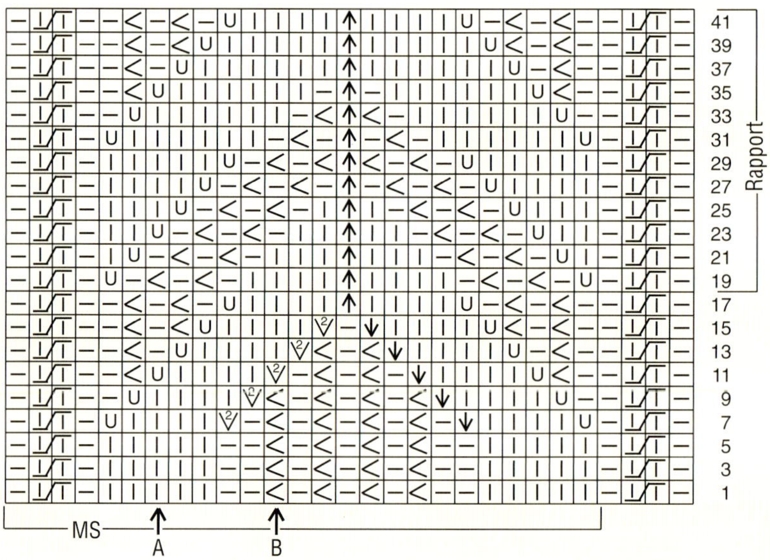

# Top und Schal

**Größe:** 34/36 (38/40) 42/44
Schal: 64 x 170 cm

**Material:**

- **Für das Top** 250 (250) 300 g, **für den Schal** 600 g weiß (Fb 1) „Toccata" (100% Baumwolle, LL = 110 m/50 g) von Lana Grossa
- 1 Paar Schnellstrick-N Nr 3,5
- 1 N-Spiel Nr 3,5
- Häkel-N Nr 4,5 zum Einknüpfen der Fransen

**Gl re in R:** Hinr re M, Rückr li M, **in Rd:** stets re M str.
**Rippenmuster: Hinr:** * 1 M re, 2 M li, 1 M re, ab * stets wdh;
**Rückr:** M str, wie sie erscheinen.
**Zopfstreifen über 28 M:** Lt Strickschrift 1 arb. Es sind nur Hinr gezeichnet. In den Rückr die M str, wie sie erscheinen, Noppen-M re str. Die 1.–60. R stets wdh.
**Ajourmusterstreifen über 11 M:** Lt Strickschrift 2 arb. Es sind nur Hinr gezeichnet. In den Rückr alle M und U li str. Die 1.–16. R stets wdh.
**Ajourmuster:** M-Zahl teilbar durch 12 + 1 + 2 Rdm. Lt Strickschrift 3 arb. Es sind nur Hinr gezeichnet. In den Rückr alle M und U li str. Mit 1 Rdm und den M vor dem MS beginnen, den MS stets wdh, enden mit den M nach dem MS und 1 Rdm. Die 1.–10. R stets wdh.
**Maschenprobe gl re:** 21 M und 31 R = 10 x 10 cm;
**im Ajourmuster:** 21 M und 26 R = 10 x 10 cm;
**28 M Zopfstreifen:** 8 cm breit.

## Top

**Rückenteil:** 94 (102) 110 M anschl und 1 Rückr li M str. Diese R zählt in der nachfolgenden Berechnung nicht mit. Anschließend für den Bund zwischen den Rdm im Rippenmuster weiterarb. Nach 9,5 cm = 30 R ab Anschlag in folg Einteilung weiterstr: Rdm, 18 (20) 22 M gl re, 11 M Ajourmusterstreifen, 34 (38) 42 M gl re, 11 M Ajourmusterstreifen, 18 (20) 22 M gl re, Rdm. Für die obere Blende nach 35,5 cm = 110 R ab Anschlag im Rippenmuster weiterstr. Nach 38 cm = 118 R ab Anschlag alle M fest abk, wie sie erscheinen.

**Vorderteil:** 104 (112) 120 M anschl und für den Bund in folg Einteilung arb: Rdm, 37 (41) 45 M Rippenmuster, 28 M Zopfstreifen, 37 (41) 45 M Rippenmuster, dabei mit 2 M re beginnen, Rdm. Nach 9,5 cm = 30 R ab Anschlag in folg Einteilung weiterstr: Rdm, 18 (20) 22 M gl re, 11 M Ajourmusterstreifen, 8 (10) 12 M gl re, 28 M Zopfstreifen, 8 (10) 12 M gl re, 11 M Ajourmusterstreifen, 18 (20) 22 M gl re, Rdm. Nach 35,5 cm = 110 R ab Anschlag die obere Blende in der gleichen Einteilung wie für den Bund arb. Nach 38 cm = 118 R ab Anschlag die äußeren je 40 (44) 48 M und die mittl 12 M abk. Die restl je 6 M für die Träger stilllegen. Anschließend mit zwei Spielstrick-N die stillgelegten Träger-M auffassen, dabei je 3 M auf eine N legen. Für die hintere Hälfte der Träger 6 M neu dazu anschl und diese M ebenfalls auf 2 Spielstrick-N verteilen. Anschließend in Rd gl re arb. Nach 29 cm Trägerhöhe die M stilllegen und den 2. Träger genauso arb.
**Fertigstellung:** Die Schmalseiten der Träger im M-Stich schließen und die Träger an das Rückenteil nähen. Seitennähte schließen.

## Schal

**Ausführung:** 135 M anschl und im Ajourmuster arb. Nach 170 cm = 440 R ab Anschlag alle M abk. In den Anschlag- und Abkettrand mit der Häkel-N aus doppelter Wolle Fransen einknüpfen. Fertige Länge der Fransen ca. 20 cm.

*Strickschrift 1*

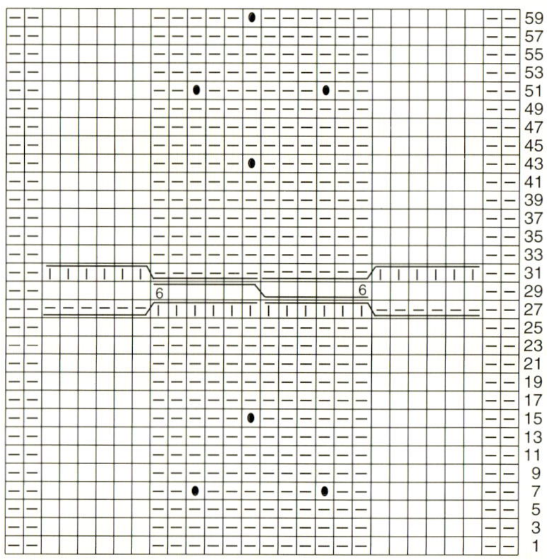

*Strickschrift 2*

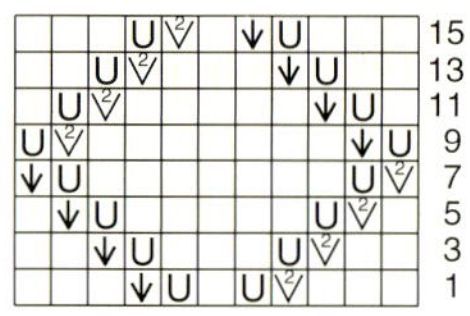

*Strickschrift 3*

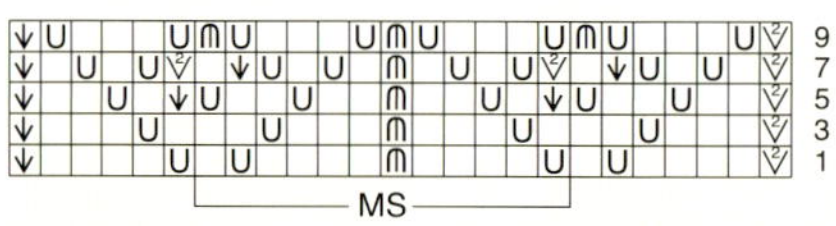

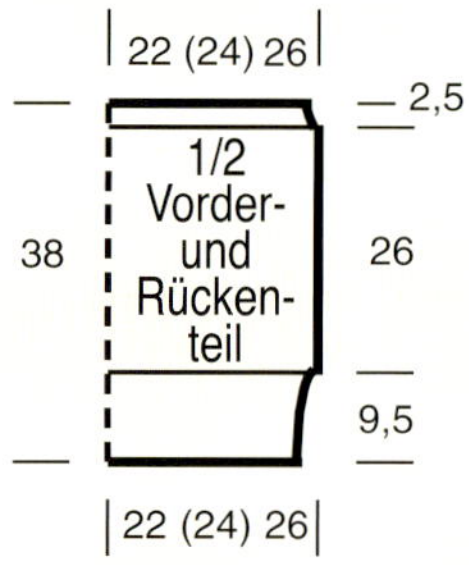


*Zeichenerklärung zu den Strickschriften*

= *1 M re*

= *1 M li*

= *1 Umschlag*

= *1 Überzug: 1 M re abheben, 1 M re str und die abgehobene M darüber ziehen*

= *1 Noppe: aus der M 5 M herausstr, dann 2x* die Arbeit wenden, 5 M li, die Arbeit wenden, 5 M re*, anschließend die 4., 3., 2. und 1. M über die 5. M ziehen*

= *2 M re zusstr*

= *1 M re abheben, folg 2 M re zusstr, dann die abgehobene M darüber ziehen*

= *12 M nach li verkr (= 6 M auf eine Zopf-Nd vor die Arb legen, folg 6 M re, dann die M der Zopf-Nd re str)*

= *12 M nach li verzopfen li/re: 6 M auf eine Zopf-N vor die Arbeit legen, die folg 6 M li str, dann die M der Zopf-N re str*

= *12 M nach re verzopfen re/li: 6 M auf eine Zopf-N hinter die Arbeit legen, die folg 6 M re str, dann die M der Zopf-N li str*

# Blaumelierter Pulli mit Blüten

**Größe:** 42–46

**Material**:
- 500 g blaumeliert (Fb 307) „Adesso Mouliné" und 150 g beige (Fb 49) „Adesso" (54 % Merino, 23 % Baumwolle, 23 % Microfaser, LL = 130 m/50 g) von Lana Grossa
- Je 1 Paar Schnellstrick-N Nr 3 und 3,5
- Rundstrick-N Nr 3

**Kr re mit N Nr 3 in R**: Hin- und Rückr re M; **in Rd**: abw je 1 Rd li und re M str.
**Gl re mit N Nr 3,5**: Hinr re M, Rückr li M.
**Blüten**: M-Zahl teilbar durch 32 + 1 + 2 Rdm. Lt Zählmuster gl re in Norwegertechnik arb, dabei den unbenutzten Faden stets locker auf der Rückseite der Arbeit mitführen. Mit 1 Rdm beginnen, den MS stets wdh, enden mit der M nach dem MS und 1 Rdm. Die 1.–14. R 1 x arb.
**Musterfolge gl re**: 10 R Blaumeliert, * 14 R Blüten, 16 R Blaumeliert, 14 R Blüten (dabei mit den M ab Pfeil A beginnen), 16 R Blaumeliert, ab * stets wdh.
**Maschenprobe**: 21 M und 28 R = 10 x 10 cm.

**Rückenteil**: 114 M in Blaumeliert anschl und für die Blende 1 cm = 5 R kr re str, dabei in der letzten R gleichmäßig vert 17 M zun = 131 M. Danach in der Musterfolge weiterarb. Für den Halsausschnitt nach 65 cm = 182 R ab Blende die mittl 33 M abk und beide Seiten getrennt beenden. Für die Rundung am inneren Rand in jeder 2. R 2 x je 2 M und 1 x 1 M abk. Die restl je 44 Schulter-M nach 68 cm = 190 R ab Blende abk.

**Vorderteil**: Genauso, jedoch mit V-Ausschnitt arb. Dafür nach 53 cm = 148 R ab Blende die Mittel-M abk und für die Schrägung am inneren Rand in jeder 2. R 2 x je 2 und 17 x je 1 M abk.

**Ärmel**: 46 M in Blaumeliert anschl und für die Blende 1 cm = 5 R kr re str, dabei in der letzten R gleichmäßig vert 13 M zun = 59 M. Danach in der Musterfolge weiterarb, dabei das Blütenmuster von der Mitte aus einteilen. Gleichzeitig für die Ärmelschrägungen ab Blende beids 31 x in jeder 4. R je 1 M mustergemäß zun = 121 M. Nach 45 cm = 126 R ab Blende alle M abk.

**Fertigstellung**: Schulternähte schließen. Aus dem Halsausschnittrand mit der Rundstrick-N in Blaumeliert ca. 129 M auffassen und kr re str, dabei zur Formgebung in jeder Rd die vordere Mittel-M mit der M davor und danach re überzogen zusstr (= 2 M zus wie zum Re-Str abh, folg M re str, dann die abgehobenen M darüberziehen). Nach 1,5 cm Blendenhöhe alle M abk. Ärmel einsetzen, Seiten- und Ärmelnähte schließen.

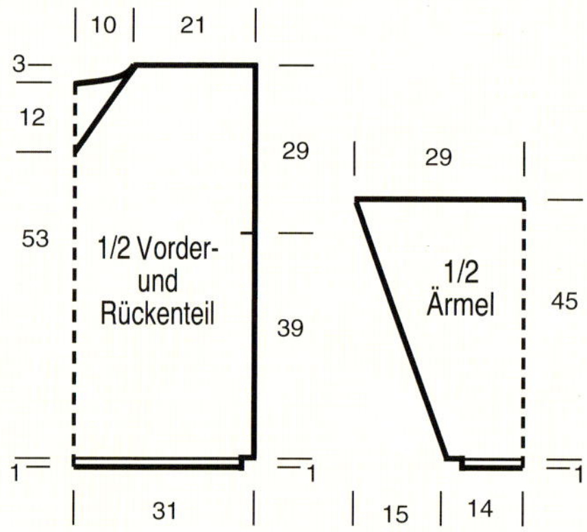

*Zeichenerklärung zum Zählmuster*

*1 Kästchen = 1 M + 1 R*
☐ = *Meliert*
☒ = *Beige*

*Zählmuster*

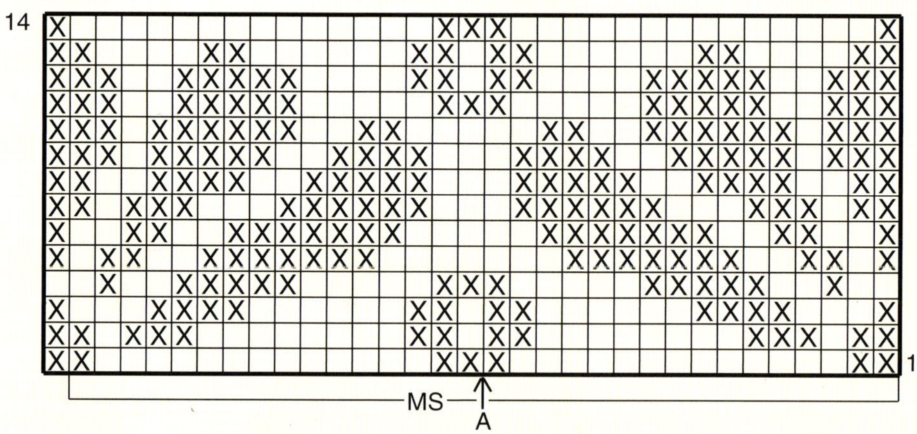

# Jacke mit Bordüren

**Größe:** 42/44 (46/48) 54/56

**Material:**
- Ca. 550 (600) 650 g braunmeliert (Fb 501) „Bingo Chine" und ca. 300 (350) 350 g braun (Fb 33) und beige (Fb 2) „Bingo" (100 % Schurwolle, LL = 80 m / 50 g) von Lana Grossa
- Rundstrick-N Nr 4
- 6 Knöpfe

**Blendenmuster in Braun**: 1 M re, 1 M li im Wechsel
**Gl re**: Hin-R re, Rück-R li.
**Rippenmuster: Hin-R**: *1 M li, 2 M re, ab * wdh **Rück-R**: *1 M re, 2 M li, ab * wdh
**Bordüre**: Gl re mit mehreren Knäueln in Norwegertechnik arbeiten, dabei den unbenutzten Faden locker auf der Arbeitsrückseite mitführen. In der Breite ab entsprechendem Pfeil beginnen, den MS stets wdh und mustergemäß enden.
**Musterfolge**: 10 cm Rippenmuster in Braun, 18 R Bordüre, 25 (27) 29 cm Rippenmuster in Braun meliert, 18 R Bordüre, restliche R Rippenmuster in Braun.
**Maschenproben: Im Rippenmuster**: 20 M und 26 R = 10 x 10 cm; **in gl re**: 22,5 R = 10 cm.

**Rücken**: Anschlag 123 (131) 143 M + 2 Rdm und laut Musterfolge stricken, dabei die untere Bordüre ab Pfeil A (B) C beginnen, die obere entsprechend. Nach 47 (45) 43 cm ab Anschlag für die Armausschnitte beidseits 1 x 7 und in jeder 2. R 6 x 1 M abketten. Nach 68 cm ab Anschlag für die Schulterschräge beidseits 1 x 8 (9) 10 M und in jeder 2. R 3 x 8 (9) 10 M abketten. Gleichzeitig mit Beginn der Schulterschräge für den Halsausschnitt die mittleren 25 (25) 29 M abketten und beide Seiten getrennt beenden. Für die Rundung am inneren Rand in jeder 2. R 1 x 3 und 1 x 2 M abketten = 70,5 cm Gesamthöhe.

**Re Vorderteil**: Anschlag 57 (61) 67 M + 2 Rdm und laut Musterfolge weiterarbeiten, dabei die Bordüren ab Pfeil D beginnen. Den Armausschnitt und die Schulterschräge am li Rand wie beim Rücken arbeiten. Nach 60 cm ab Anschlag am re Rand für die Ausschnittrundung 1 x 4, in jeder 2. R 2 (2) 3 x 2, 3 x 1, in jeder 4. R 3 x 1 M abketten. In Rückenhöhe sind alle M aufgebraucht.

**Li Vorderteil** gegengleich arbeiten.

**Ärmel**: Anschlag je 51 M + 2 Rdm in Braun meliert und im Rippenmuster stricken. Für die Ärmelschräge beidseits abwechselnd in jeder 8.+ 6. R 15 x 1 (in jeder 6. R 17 x 1 und in jeder 4. R 2 x 1) in jeder 6. R 6 x 1 und in jeder 4. R 17 x 1 M mustergemäß zunehmen. Nach 43 (43) 41 cm ab Anschlag für die Armkugel beidseits 5 M, in jeder 2. R 1 x 3, 2 x 2, 11 x 1, 1 x 2, 1 x 3 (5) 7, 1 x 5 (7) 9 M und restliche M in 57 (57) 55 cm Gesamthöhe abketten.

**Fertigstellung**: Schulternähte schließen. Aus dem Halsausschnitt entsprechend M herausstricken und nach 4 cm Blendenmuster die M abketten. Aus den Vorderteilkanten und den Blendenschmalseiten entsprechend M herausstricken und nach 4 cm Blendenmuster die M abketten, dabei in die re Blende verteilt 6 Knopflöcher arbeiten = 2 M abketten, ohne sie zu stricken, und gleich wieder neu anschlagen. Ärmel auf Mitte legen und einsetzen. Restliche Nähte schließen.

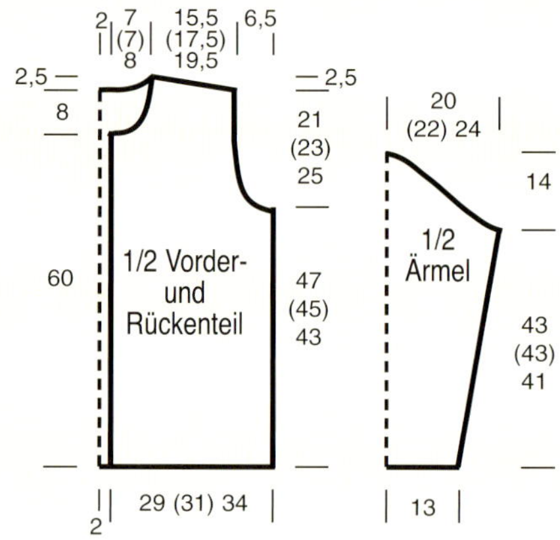


*Zählmuster*

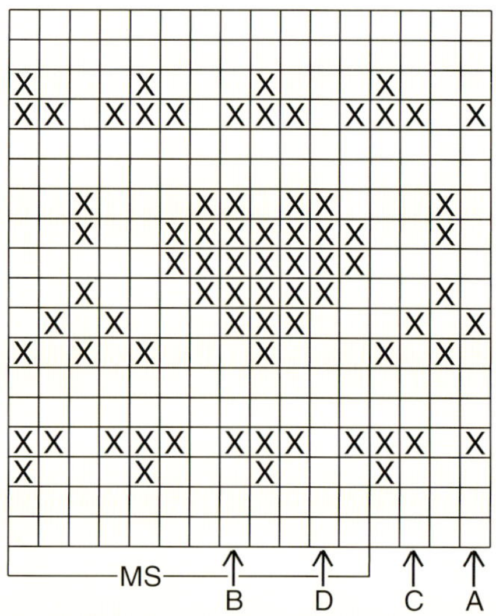


*Zeichenerklärung zum Zählmuster*

*1 Kästchen = 1 M + 1 R*
☐ = *Beige*
☒ = *Braun*

# Herrenpulli im Jacquardmuster

**Größe:** 46/48 (50/52) 54/56

**Material:**
- 350 (400) 450 g braunmeliert (Fb 314) „Numero Uno Tweed", je 150 (150) 200 g grün (Fb 110) und blau (Fb 34), je 100 (100) 150 g bordeaux (Fb 11) und senf (Fb 116) „Numero Uno" (100 % Schurwolle, LL = 125 m/50 g) von Lana Grossa
- Je 1 Paar Schnellstrick-N Nr 3 und 4
- Rundstrick-N Nr 3

**Rippenmuster mit N Nr 3:** 1 M re, 1 M li im Wechsel.
**Gl re mit N Nr 4:** Hinr re M, Rückr li M.
**Jacquardmuster:** M-Zahl teilbar durch 28 + 14 (0) 14 + 2 Rdm. Lt Zählmuster gl re in Norwegertechnik arb, dabei den unbenutzten Faden stets locker auf der Rückseite der Arbeit mitführen. Mit 1 Rdm und den M ab Pfeil A beginnen, den MS stets wdh, enden mit den M bis Pfeil B und 1 Rdm (zwischen den Rdm den MS stets wdh). Mit 1 Rdm und den M ab Pfeil B beginnen, den MS stets wdh, enden mit dem M bis Pfeil A und 1 Rdm. Die 1.–27. R 1 x arb.
**Musterfolge gl re:** 6 R Meliert, * 27 R Jacquardmuster, 5 R Meliert, 27 R Jacquardmuster, dabei Grün durch Blau und Bordaux durch Senf ersetzen, 5 R Meliert, ab * stets wdh.
**Maschenprobe:** 23,5 M und 27 R = 10 x 10 cm

**Rückenteil:** 118 (132) 146 M in Meliert anschl und für den Bund 5 cm im Rippenmuster str, dabei in der letzten R gleichmäßig vert 10 M zun = 128 (142) 156 M. Danach in der Musterfolge weiterarb. Für die Armausschnitte nach 37 cm = 100 R (40 cm = 108 R) 40 cm = 108 R ab Bund beids 1 x 10 M abk = 108 (122) 136 M. Für den Halsausschnitt nach 63 cm = 170 R (66 cm = 178 R) 66 cm = 178 R ab Bund die mittl 32 (36) 40 M abk und beide Seiten getrennt beenden. Für die Rundung am inneren Rand in jeder 2. R 1 x 3 und 1 x 2 M abk. Die restl je 33 (38) 43 Schulter-M nach 65 cm = 176 R (68 cm = 184 R) 68 cm = 184 R ab Bund abk.

**Vorderteil:** Genauso, jedoch mit tieferem Halsausschnitt arb. Dafür bereits nach 58 cm = 156 R (61 cm = 164 R) 61 cm = 164 R ab Bund die mittl 20 (24) 28 M abk und für die Rundung in jeder 2. R 1 x 4, 1 x 3, 1 x 2 und 2 x je 1 M abk.

**Ärmel:** 54 (58) 62 M in Meliert anschl und für den Bund 4 cm im Rippenmuster str, dabei in der letzten R gleichmäßig vert 18 (14) 10 M zun = 72 M. Danach in der Musterfolge weiterarb. Gleichzeitig für die Ärmelschrägungen ab Bund beids 30 x in jeder 4. R je 1 M mustergemäß zun = 132 M. Nach 50 cm = 134 R ab Bund alle M abk.

**Ferigstellung:** Schulternähte schließen. Aus dem Halsausschnittrand mit der Rundstrick-N in Meliert ca. 114 (122) 130 M auffassen und 3 cm im Rippenmuster str. Danach alle M abk, wie sie erscheinen. Ärmel einsetzen, Seiten und Ärmelnähte schließen.

*Zeichenerklärung zum Zählmuster*

*1 Kästchen = 1 M + 1 R*

[•] = *Meliert*
[ ] = *Grün*
[–] = *Bordeaux*

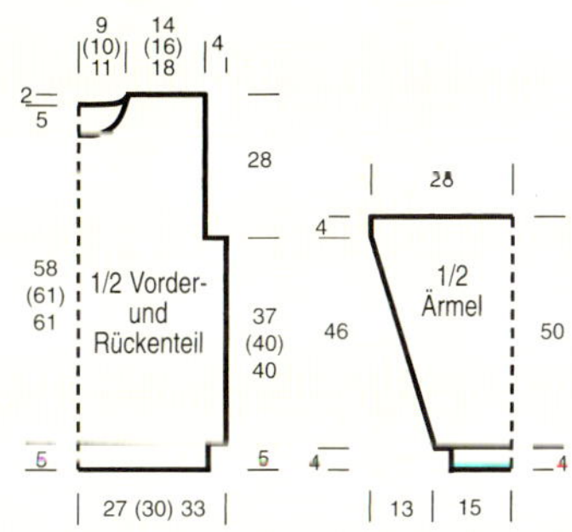


*Zählmuster*

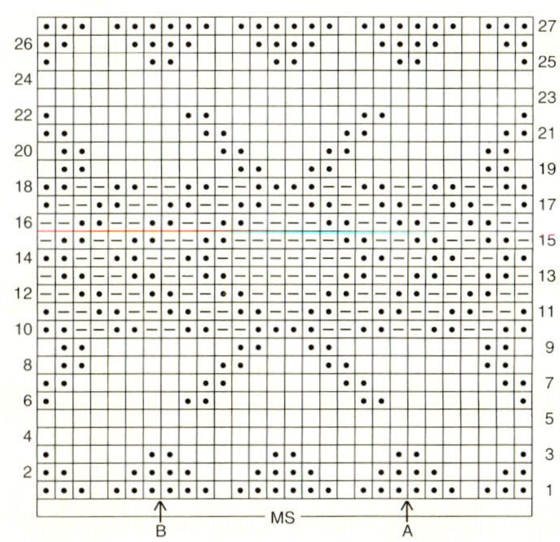

# Hellblauer Pulli mit Taillierung und rosa Patentpulli

## Hellblauer Pulli

**Größe:** 38/40

**Material:**
- 550 g hellblau (Fb 4) „Dito“ (60 % Baumwolle, 40 % Microfaser, LL = 135 m/50 g) von Lana Grossa
- 1 Paar Schnellstrick-N Nr 4
- Rundstrick-N Nr 4
- Häkel-N Nr 3,5

**Gl li:** Hinr li M, Rückr re M.
**Patentmuster:** M-Zahl teilbar durch 3 + 1. * 1 Patent-M (Hinr: 1 M mit 1 U wie zum Li-Str abh; Rückr: die M mit dem U li zusstr), 2 M gl li, ab * stets wdh, enden mit 1 Patent-M.
**Zopf A (über 6 M): 1. R:** 1 M li, 4 M re, 1 M li;
**2.+4. R:** M str, wie sie erscheinen;
**3. R:** 1 M li, 4 M nach re verkr (= 2 M auf Hilfs-N hinter die Arbeit legen, folg 2 M re, dann die M der Hilfs-N re str), 1 M li. Die 1.–4. R stets wdh.
**Zopf B (über 6 M):** Wie Zopf A, jedoch in der 3. R: 1 M li, 4 M nach li verkr (= 2 M auf Hilfs-N vor die Arbeit legen, folg 2 M re, dann die M der Hilfs-N re str), 1 M li.
**Maschenprobe im Patentmuster:** 17 M und 31,5 R = 10 x 10 cm;
**Zopf A bzw. B:** 2,5 cm breit.

**Rückenteil:** 100 M anschl und 1 Rückr li M str (wird nachfolgend nicht mitgezählt). Danach in folg Einteilung arb: Rdm, 1 M gl li, 16 M Patentmuster, 6 M Zopf A, 52 M Patentmuster, 6 M Zopf B, 16 M Patentmuster, 1 M gl li, Rdm. Für die Taillierung 10 x in jeder 8. R je 1 M wie folgt abn: Die letzte M von Zopf A mit der 1. M des Patentmusters li zusstr und die letzte M des Patentmusters mit der 1. M von Zopf B li zusstr = 80 M. Nach 28 cm = 88 R ab Anschlag 10 x in jeder 8. R je 1 M nach Zopf A und vor Zopf B aus dem Querfaden zun und in das Patentmuster einfügen = 100 M. Nach 57 cm = 180 R ab Bund beids je 35 M für die Schultern abk, die restl 30 M stilllegen.

**Vorderteil:** Genauso, jedoch mit Schlitz arb. Dafür nach 47 cm = 148 R ab Anschlag die Arbeit in der Mitte teilen und beide Seiten getrennt weiterarb. Die je 35 Schulter-M in Rückenteilhöhe abk und die restl je 15 M stilllegen.

**Ärmel:** 36 M anschl und 1 Rückr li M str. Dann im Patentmuster weiterarb. Gleichzeitig für die Ärmelschrägungen ab Anschlag beids 16 x in jeder 8. R je 1 M mustergemäß zun = 68 M. Nach 42 cm = 132 R ab Anschlag alle M abk.

**Fertigstellung:** Schulternähte schließen. Die stillgelegten M auf die Rundstrick-N nehmen (= 60 M) und über 5 cm das Patentmuster fortsetzen, dann alle M abk, wie sie erscheinen. Die Schlitzkanten mit 1 R fe M umhäkeln. Ärmel einsetzen, Seiten- und Ärmelnähte schließen.

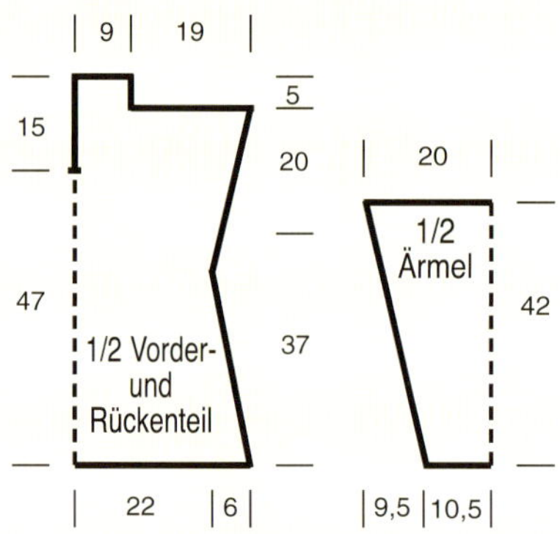


## Rosa Patentpulli

**Größe:** 34/36 (38/40) 44/46

**Material:**
- 700 (800) 850 g rosa (Fb 11) „Dito“ (60 % Baumwolle, 40 % Microfaser, LL = 135 m/50 g) von Lana Grossa
- 1 Paar Schnellstrick-N 3,5
- Rundstrick-N Nr 3

**Rippenmuster mit N Nr 3:** 1 M re, 1 M li im Wechsel.
**Alle weiteren Muster mit N Nr 3,5.**
**Zackenmuster:** M-Zahl teilbar durch 48 + 5. Lt Strickschrift arb. Es sind nur Hinr gezeichnet, in den Rückr M str, wie sie erscheinen bzw. wie beschrieben. Den MS 2 x arb, enden mit den M nach dem MS. Die 1.– 60. R stets wdh.
**Patentmuster:** Gerade M-Zahl. Ebenfalls lt Strickschrift arb, dabei die 1.+ 2. M des MS und die 1.+ 2. R stets wdh.
**Maschenprobe:** 21 M und 48 R = 10 x 10 cm. Darauf achten, dass beim Zacken- und Patentmuster nur jede 2. R sichtbar im M-Bild erscheint.

**Rückenteil:** 103 (119) 131 M anschl und in folg Einteilung arb: Rdm, 0 (8) 14 M Patentmuster, 101 M Zackenmuster, 0 (8) 14 M Patentmuster, dabei mit 1 M li beginnen, Rdm. Für den Halsausschnitt nach 63 cm = 302 R ab Anschlag die mittl 29 (29) 33 M abk und beide Seiten getrennt beenden. Für die Rundung am inneren Rand in jeder 2. R 1 x 3 und 1 x 2 M abk. Die restl je 32 (40) 44 Schulter-M nach 65 cm = 310 R ab Anschlag abk.

**Vorderteil:** Genauso, jedoch mit tieferem Halsausschnitt arb. Dafür bereits nach 60 cm = 288 R ab Anschlag die mittl 11 (11) 15 M abk und in jeder 2. R 2 x je 3, 3 x je 2 und 2 x je 1 M abk.

**Ärmel:** 51 M anschl und im Zackenmuster arb, dabei mit 1 Rdm beginnen, die 49 M von Pfeil A-B 1 x arb, enden mit 1 Rdm und die 1.– 60. R 1 x arb, dann im Patentmuster weiterstr. Gleichzeitig für die Ärmelschrägungen ab Anschlag beids 22 x abw in jeder 6. und 8. R und 7 x in jeder 6. R (22 x abw in jeder 6. und 8. R und 7 x in jeder 6. R) 18 x abw in jeder 4. und 6. R und 16 x in jeder 6. R je 1 M mustergemäß zun = 109 (109) 119 M. Nach 42 cm = 202 R (42 cm = 202) 40 cm = 192 R ab Anschlag alle M abk.

**Fertigstellung:** Schulternähte schließen. Aus dem Halsausschnittrand mit der Rundstrick-N ca. 100 (100) 108 M auffassen und 2 cm im Rippenmuster str. Danach alle M abk, wie sie erscheinen. Ärmel einsetzen, Seiten- und Ärmelnähte schließen.

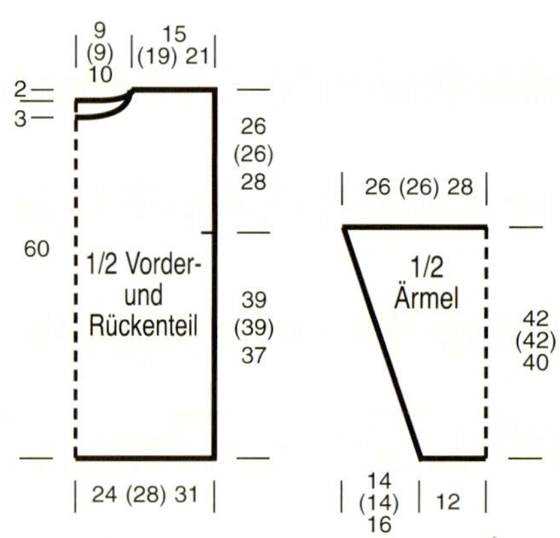


*Strickschrift auf Seite 84*

# Pulli mit Biesenmuster

**Größe:** 38/40 (42/44)

**Material:**

- 1000 (1100) g grau (Fb 1) „Bingo“ (100 % Wolle, LL = 80 m / 50 g) von Lana Grossa
- Je 1 Paar Schnellstrick-N Nr 4 und 5
- Je 1 Rundstrick- und Häkel-N Nr 4

**Rippenmuster mit N Nr 4:** 1 M re, 1 M li im Wechsel.
**Alle weiteren Muster mit N Nr 5.**
**Gl re:** Hinr re M, Rückr li M;
**in Rd:** stets re M.
**Kr re:** Hin- und Rückr re M.
**Patent-M: 1. R:** 1 M re;
**2. R:** 1 M li; **3. R:** 1 M re, dabei 1 R tiefer einstechen und die M der Vor-R auflösen. Die 1.–3. R 1x arb, danach die 2.+3. R stets wdh.
**Patentrippen (über 7 M):** * 1 M gl li, 1 Patent-M, ab * noch 2 x wdh, 1 M gl li.
**Biesenmuster 1 (über 5 M):**
**1.-10. R:** gl re.
**11. R:** jede M mit der entsprechenden M 4 R tiefer re zusstr.
**12.-16. R:** gl re.
**17. R:** wie 11. R.
**18.-22. R:** gl re.
**23. R:** wie 11. R.
**24.-32. R:** gl re. Die 1.–32. R stets wdh.
**Biesenmuster 2 (über 5 M):**
**1.-26. R:** gl re, 27.,
**33. und 39. R:** jede M mit der entsprechenden M 4 R tiefer re zusstr.
**28.-32.** und **34.-38. R:** gl re.
**40. R:** li M.
Die 1.–40. R 1 x arb, danach die 9.–40. R stets wdh.
**Maschenprobe im Durchschnitt:** 18,5 M und 36 R = 10 x 10 cm; **gl re:** 19,5 M und 25,5 R = 10 x 10 cm.

**Rückenteil:** 106 (114) M anschl und in folg Einteilung str: Rdm, 2 (6) M kr re, * 5 M Biesenmuster 1, 2 M kr re, 7 M Patentrippe, 5 M kr re, 5 M Biesenmuster 2 #, 2 M kr re, 7 M Patentrippe, 5 M kr re, ab * 2 x wdh, dabei bei der 2. Wdh enden mit den M bis #, 2 (6) M kr re, Rdm. Für den Halsausschnitt nach 57 cm = 206 R (60 cm = 216 R) ab Anschlag die mittl 26 M abk und jede Seite getrennt beenden. Für die Rundung am inneren Rand in jeder 2. R 1 x 3 und 1 x 2 M abk. Die restl je 35 (39) Schulter-M nach 59 cm = 212 R (62 cm = 222 R) ab Anschlag abk.

**Vorderteil:** Genauso arb, jedoch mit V-Ausschnitt enden. Dafür bereits nach 48 cm = 172 R (51 cm = 182 R) ab Anschlag die Arbeit in der Mitte teilen und jede Seite getrennt hocharb. Für die Ausschnittschrägung am inneren Rand 18 x in jeder 2. R je 1 M abk. Die restl 35 (39) Schulter-M in Rückenteilhöhe abk.

**Ärmel:** 46 (50) M anschl und für den Bund 1 cm im Rippenmuster str. Anschließend gl re weiterarb. Gleichzeitig für die Ärmelschrägungen ab Bund beids 26 x in jeder 4. R (3 x in jeder 2. und 25 x in jeder 4. R) je 1 M zun = 98 (106) M. Nach 42 cm ab Bund alle M abk.

**Fertigstellung:** Schulternähte schließen. Aus dem Halsausschnittrand mit der Rundstrick-N ca. 100 M auffassen und gl re str. Zur Formgebung nach 1 cm Blendenhöhe die 3 M in der Ausschnittspitze re zusstr. Nach 5 cm Blendenhöhe alle M locker abk. Ärmel einsetzen, Seiten- und Ärmelnähte schließen. Die untere Saumkante mit 1 Rd Krebs-M (= fe M von li nach re) umhäkeln.

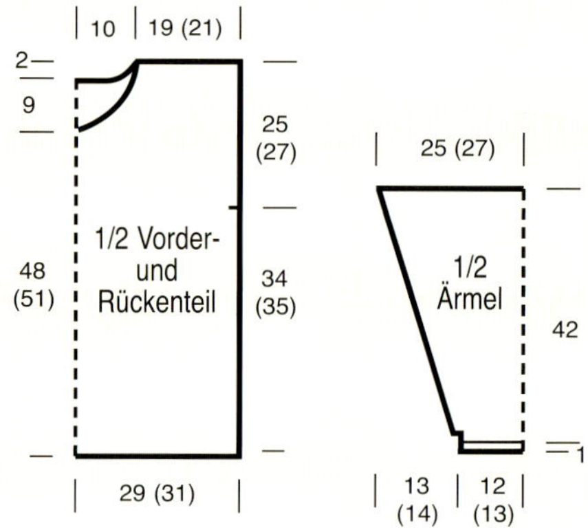

*Zeichenerklärung und Strickschrift:*
*Rosa Patentpulli von Seite 82*

 = *1 M li*

 = *1 Patent-M (Hinr: 1 M mit 1 U wie zum Li-str abh; Rückr: die M mit dem U li zusstr)*

 = *1 Patent-M vor die Arbeit legen, folg M als Patent-M str, dann die M der Hilfs-N als Patent-M str*

 = *1 Patent-M vor die Arbeit legen, folg M li str, dann die M der Hilfs-N als Patent-M str*

 = *1 Patent-M hinter die Arbeit legen, folg M als Patent-M str, dann die M der Hilfs-N als Patent-M str*

 = *1 M hinter die Arbeit legen, folg M als Patent-M str, dann die M der Hilfs-N li str*

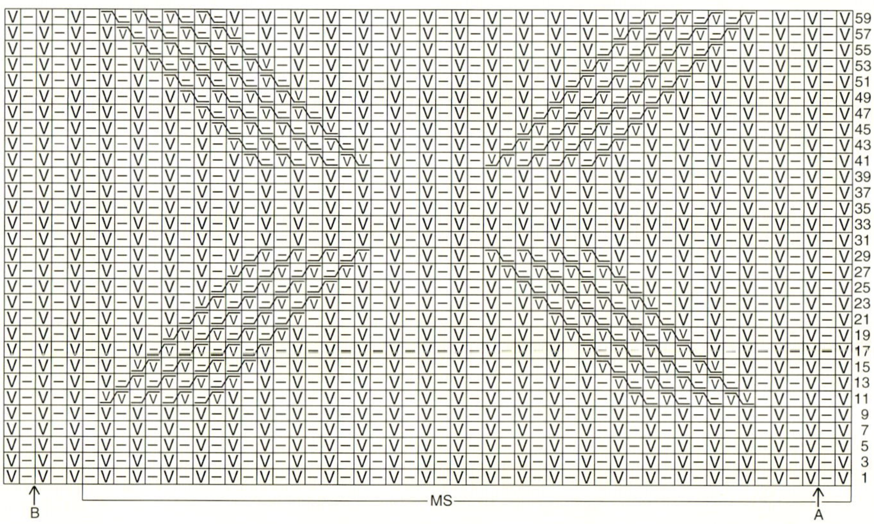

# Grüne Kinderjacke und weinroter Pulli

## Grüne Kinderjacke

**Größe:** 116/122 (140/146)

**Material:**
- 450 (550) g lodengrün (Fb 66) „Bingo" (100 % Schurwolle, LL= 80 m/50 g), 100 g lodengrün (Fb707) „Amica Lux" (46 % Schurwolle, 46% Acryl, 8 % Polyamid, LL= 80 m/50 g) von Lana Grossa
- 1 Paar Schnellstrick-N Nr 4
- Rundstrick-N Nr 4
- Vier kleine und zwei große Edelweißknöpfe

**Gl re:** Hinr re M, Rückr li M.
**Gl li:** Hinr li M, Rückr re M.
**Grundmuster:** Lt Strickschrift arb. Es sind nur Hinr gezeichnet, in den Rückr M str, wie sie erscheinen. Für das Rückenteil mit 1 Rdm und den M vor MS A beginnen, MS A 8 (10) x arb, die folg 8 M 1 x arb, MS B 8 (10) x arb, enden mit den M nach MS B und 1 Rdm. Die M für die Vorderteile genauso einteilen, jedoch MS A bzw. B nur 3 (4) x arb, ebenso die Ärmel str, jedoch MS A bzw. B nur 2 (3) x arb. Die 1.–8. R stets wdh.
**Maschenprobe im Grundmuster/„Bingo":** 20,5 M und 25 R =10 x 10 cm; **gl re bzw. gl li/„Amica":** 15 M = 10 cm.

**Rückenteil:** 60 (72) M in „Amica" anschl und für die Blende 10 cm gl re str. Danach in „Bingo" im Grundmuster weiterarb, dabei in der 1. R gleichmäßig vert 22 (26) M zun= 82 (98) M. Für den Halsausschnitt nach 34 cm = 86 R (42 cm = 106 R) ab Blende die mittl 16 (20) M abk und beide Seiten getrennt beenden. Für die Rundung am inneren Rand in der folg 2. R 1 x 4 M abk. Die restl je 29 (35) Schulter-M nach 36 cm = 90 R (44 cm = 110 R) ab Blende abk.

**Li Vorderteil:** 30 (36) M in „Amica" anschl und für die Blende 10 cm gl re str. Danach in „Bingo" im Grundmuster weiterarb, dabei in der 1. R gleichmäßig vert 12 (14) M zun = 42 (50) M. Für den Halsausschnitt am li Arbeitsrand nach 29 cm = 72 R (37 cm = 92 R) ab Blende in jeder 2. R 1 x 4 (6), 1 x 3, 2 x je 2 und 2 x je 1 M abk. Die restl 29 (35) Schulter-M in Rückenteilhöhe abk.

**Re Vorderteil:** Ggl und mit Knopflöchern arb. Dafür die 4.–6.M abk und in der folg Rückr wieder anschl. Das 1. Knopfloch 2 cm = 6 R ab Blende einarb, die weiteren 3 folgen im Abstand von je 18 (24) R.

**Ärmel:** 25 (31) M in „Amica" anschl und für die Blende 6 cm gl li str. Danach in „Bingo" im Grundmuster weiterarb, dabei in der 1. R gleichmäßig vert 9 (11) M zun = 34 (42) M. Gleichzeitig für die Ärmelschrägungen ab Blende beids 15 (18) x in jeder 4. R und 5 (4) x in jeder 2. R je 1 M mustergemäß zun=74 (86) M. Nach 29 cm = 72 R (33 cm = 82 R) ab Blende alle M abk.

**Fertigstellung:** Schulternähte schließen. Aus dem Halsausschnittrand mit der Rundstrick-N in „Amica" von der Innenseite her ca. 54 (60) M auffassen und für den Kragen 9 cm gl re str. Danach alle M abk. Ärmel einsetzen, Seiten- und Ärmelnähte schließen, dabei die unteren 6 cm der Ärmelnähte von der Außenseite her schließen. Die Knöpfe abbildungsgemäß annähen.

## Weinroter Pulli

**Größe:** 110/116 (128/134)

**Material:**
- 350 (450) g weinrot (Fb 507) „Bingo Chine" (100% Schurwolle, LL= 80 m/50 g), 50 g hellbeige (Fb 705) „Amica Lux" (46 % Schurwolle, 46 % Acryl, 8 % Polyamid, LL = 80 m/50 g), von Lana Grossa
- 1 Paar Schnellstrick-N Nr 4,5
- Rundstrick-N Nr 4,5
- Ein Lederriegel

**Rippenmuster:** 1 M re, 1 M li im Wechsel.
**Gl re:** Hinr re M, Rückr li M.
**Gl li:** Hinr li M, Rückr re M.
**Falsches Patentmuster:** M-Zahl teilbar durch 4 +3+ 2 Rdm.
**Hinr:** Rdm, * 2 M re, 2 M li, ab * stets wdh, enden mit 2 M re, 1 M li, Rdm;
**Rückr:** genauso arb.
**Maschenprobe im falschen Patentmuster:** 20 M und 30 R = 10 x 10 cm.

**Rückenteil:** 77 (85) M in Weinrot anschl und im falschen Patentmuster arb. Für die Armausschnitte nach 24 cm = 72 R (28 cm = 84 R) ab Anschlag beids in jeder 2. R 1 x 3, 1 x 2 und 2 x je 1 M abk = 63 (71) M. Für den Halsausschnitt nach 40 cm = 120 R (46 cm = 138 R) ab Anschlag die mittl 19 M abk und beide Seiten getrennt beenden. Für die Rundung am inneren Rand in jeder 2. R 1 x 2 und 1 x 1 M abk. Die restl je 19 (23) Schulter-M nach 42 cm = 126 R (48 cm = 144 R) ab Anschlag abk.

**Vorderteil:** Genauso, jedoch mit Poloschlitz arb. Dafür nach 28 cm = 84 R (32 cm = 96 R) ab Anschlag die mittl 3 M abk und beide Seiten getrennt hoch arb. Für die Halsrundung am inneren Rand nach 36 cm = 108 R (42 cm = 126 R) ab Anschlag 1 x 6, 1 x 2 und 3 x je 1 M abk.

**Ärmel:** 41 M in Hellgrau anschl und für den Umschlag 6 cm gl li str. Dann mit Weinrot im falschen Patentmuster weiterarb. Gleichzeitig für die Ärmelschrägungen ab Umschlag beids 4 (2) x in jeder 6. R und 12 (18) x in jeder 4. R je 1 M mustergemäß zun = 73 (81) M. Für die Armkugel nach 25,5 cm = 76 R (29,5 cm = 88 R) ab Umschlag beids in jeder 2. R 7 x je 4 M abk. Die restl 17 (25) M nach 30 cm = 90 R (34 cm = 102 R) ab Umschlag abk.

**Fertigstellung:** Schulternähte schließen. Aus den Schlitzrändern in Weinrot je ca. 13 (17) M auffassen und 2 cm im Rippenmuster str. Danach alle M abk, wie sie erscheinen. Untere Blendenschmalseiten übereinanderlegen und festnähen. Aus dem Halsausschnittrand von der Innenseite her in Hellgrau ca. 84 M auffassen und 8 cm gl re str. Danach alle M abk. Ärmel einsetzen, Seiten- und Ärmelnähte schließen, dabei an den Ärmelnähten die unteren 6 cm von der Außenseite her schließen. Lederriegel abbildungsgemäß anbringen.

## *Schnitt und Strickschrift für grüne Jacke*

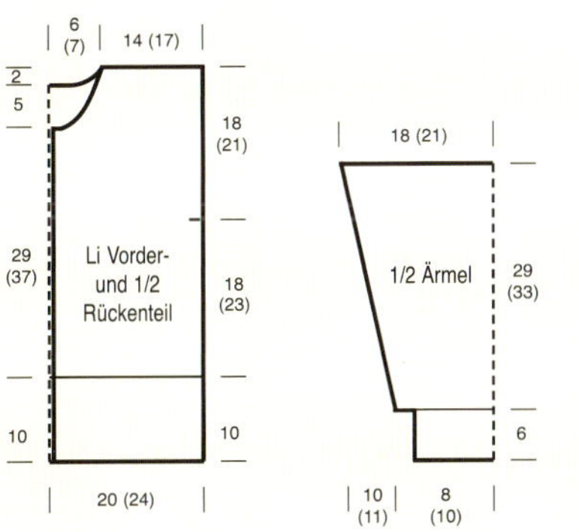


## *Strickschrift*

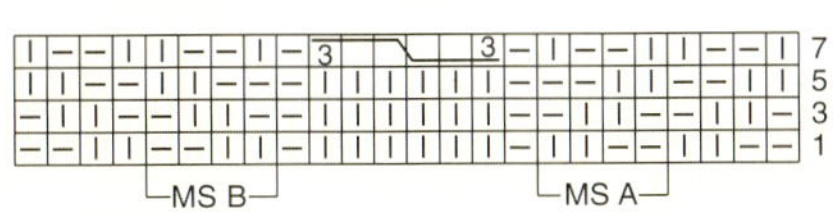


## *Zeichenerklärung*

| = *1 M re*

— = *1 M li*

3 3 = *6 M nach li verzopfen re: 3 M auf eine Zopf-Nd vor die Arbeit legen, 3 M re und die M der Zopf-Nd re str*

## *Schnitt für weinroten Pulli*

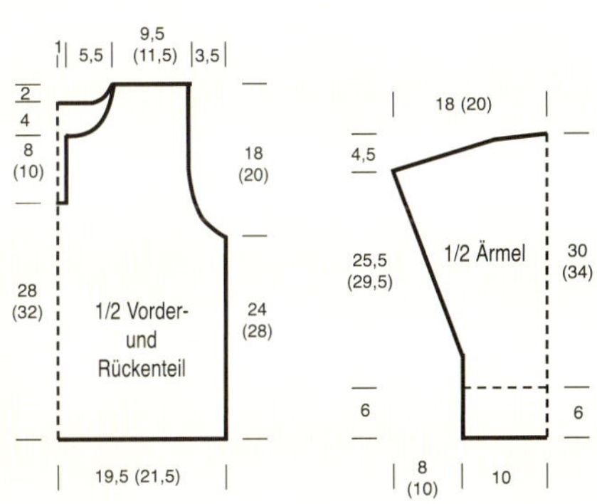

# Pulli mit Zip und Taschen

**Größe:** 36/38 (42/44) 48/50

Die abweichenden Angaben der größeren Größen stehen in Klammern bzw. hinter den Schrägstrichen.

**Material:**
- 550 (600/700) g terra (Fb15) „Adesso" (54 % Merino, 23 % Baumwolle, 23 % Microfaser, LL = 130 m/50g) von Lana Grossa
- Stricknadeln 3 und 3,5
- Eine kurze Rundstrick-N 3,5
- Reißverschluss 25 cm

**Glatt rechts:** Hin-R re M, Rück-R li M.
**Glatt links:** Hin-R li M, Rück-R re M.
**Bundmuster mit N 3:** 4 M glatt re, 4 M glatt li im Wechsel.
**Streifenmuster 1 über 17 M:** Laut Strickschrift str. Es sind die Hin-R gezeichnet, in den Rück-R M str, wie sie erscheinen. Den MS und die 1.–4. R des Streifenmusters stets wiederholen.
**Streifenmuster 2 über 17 M:** Laut Strickschrift str. Es sind die Hin-R gezeichnet, in den Rück-R M str, wie sie erscheinen. Den MS und die 5.–8.R des Streifenmusters stets wiederholen.
**Streifenmuster 3 über 12 M:** Laut Strickschrift str. Es sind die Hin-R gezeichnet, in den Rück-R M str, wie sie erscheinen. Den MS und die 4 R stets wiederholen.
**Maschenprobe:** Im Streifenmuster 1 + 2 sind 28 M und 32 R = 10 x 10 cm. Im Streifenmuster 3 sind 24 M und 32 R = 10 x 10 cm.

**Rückenteil:** 155 (172/188) M anschl. Zwischen den Rand-M 17 (17/25) M Streifen 2 bei A (A/B) beginnend, 34 M Streifen 1, 51 (68/68) M Streifen 2, 34 M Streifen 1, 17 (17/25) M Streifen 2 str. 41 cm ab Anschlag für die Armausschnitte beids je 1 x 10 (10/19) M abk. 27 cm ab Armausschnitt für den Ausschnitt die mittleren 31 (32/32) M abk. Über beide Schultern getrennt zu Ende str. Dabei in jeder 2. R am Ausschnittrand 2 x 5 M abk. Die restlichen je 42 (50/49) Schulter-M 29 cm ab Armausschnitt gerade abk.

**Vorderteil:** Wie Rückenteil, jedoch mit Taschen, Schlitz und tieferem Ausschnitt. Für die Taschen 15 cm ab Anschlag für die Tascheneingriffe über den je 34 M des Streifen 1 im Bundmuster 2 cm str. Die M abk. 34 M für die Taschenbeutel neu anschl und im Streifen 2 je 15 cm str. Diese M anstelle der abgeketteten in das Gestr einfügen. Über alle M im Streifen 2 weiter str. Für den Schlitz 10 cm ab Armausschnitt die Mittel-M abk (Größe 42/44 und 48/50: die M in der Mitte teilen). Über beide Schultern getrennt zu Ende str. Für den Ausschnitt 14 cm ab Schlitzbeginn in jeder 2. R am Ausschnittrand 1 x 6, 1 x 5, 1 x 4, 2 x 3, 1 x 2 und 3 x 1 M abk. Die restlichen je 42 (50/49) Schulter-M bei einer Ausschnitthöhe von 5 cm gerade abk.

**Ärmel:** Dafür je 48 (54/58) M anschl. Zwischen den Rand-M im Streifen 3 bei A (B/C) beginnend str. Für die Ärmelschrägung in jeder 3. R beids 24 (26/36) x 1 M und in jeder 2. R beids 22 (17/5) x 1 M mustergemäß zun. 40 (39/38) cm ab Anschl über alle M noch 4 (4/7) cm gerade str und die M gerade abk.

**Fertigstellung:** Die Pulloverteile leicht anfeuchten und laut der im Schnitt stehenden Maße spannen und trocknen lassen. Die Schulternähte schließen. Aus dem Halsausschnitt mit der Rund-N 104 M aufnehmen und 12 cm im Bundmuster str. Die M abk. Die Ärmel einnähen, dabei darauf achten, dass die Ärmelmitte an der Schulternaht liegt. Die Ärmel-Seitennähte schließen. Den Reißverschluss einnähen, dabei das zu Nähende rund über den Finger laufen lassen – mit Reißverschluss unten liegend –, damit der Reißverschluss nicht beult. Zum Schluss alle Nähte leicht ausdämpfen.

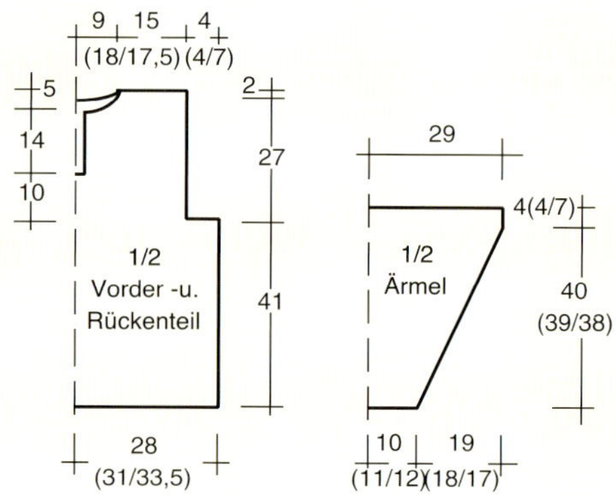


*Streifen 1 + 2 über 17 Maschen*

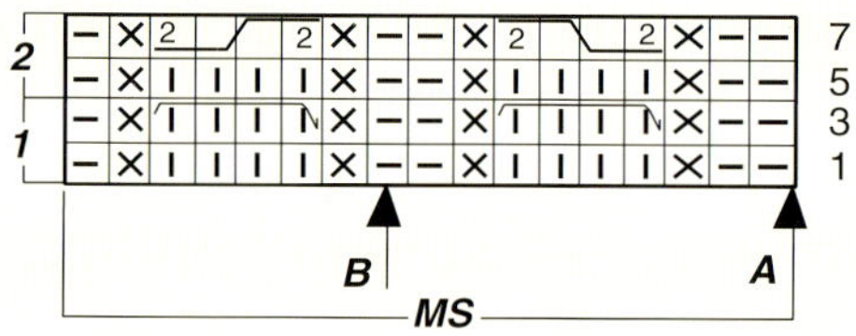


*Streifen 3 über 12 Maschen*

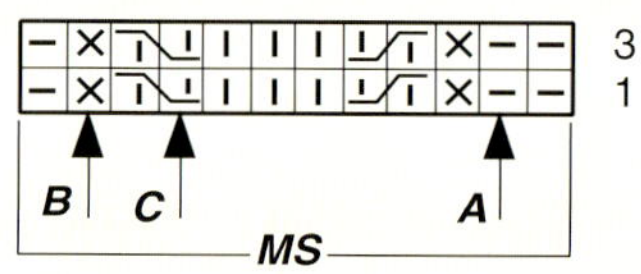


*Zeichenerklärung für Strickschrift*

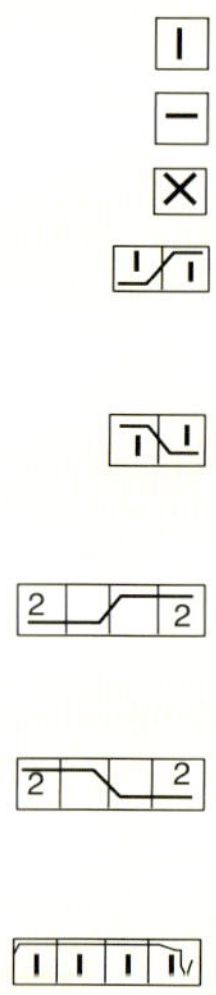

- I = 1 M re
- – = M li
- X = 1 M kraus: Hin- und Rück-R re str
- = 2 M nach re verkreuzen re: 1 M auf eine Zopf-N hinter die Arbeit legen, 1 M re und die M der Zopf-N re str
- = 2 M nach li verkreuzen: 1 M auf eine Zopf-N vor die Arbeit legen, 1 M re und die M der Zopf-N re str
- = 4 M nach re verzopfen re: 2 M auf eine Zopf-N hinter die Arbeit legen, 2 M re und die M der Zopf-N re str
- = 4 M nach li verzopfen re: 2 M auf eine Zopf-N vor die Arbeit legen, 2 M re und die M der Zopf-N re str
- = 1 Umschlag, 4 M re und den Umschlag über die 4 M ziehen

# Zopfpulli mit Noppenmuster

**Größe:** 38/40 (42/44)

**Material:**
- 1000 (1050) g wollweiß (Fb 5) „Bingo“ (100 % Schurwolle, LL = 80 m / 50 g) von Lana Grossa
- 1 Paar Schnellstrick-N Nr 5
- 1 Rundstrick-N Nr 5

**Kr re**: Hin- und Rückr re M.
**Gl li**: Hinr li M, Rückr re M.
**Für alle folg Strickschriften gilt**: Es sind nur Hinr gezeichnet. In den Rückr M str, wie sie erscheinen bzw. wie angegeben, die Noppen-M re str.
**Muster A (über 16 M)**: Nach Strickschrift 1 arb. Die 1.–16. R 1 x arb, danach die 3.–16. R noch 3 x wdh = 58 R.
**Muster B (über 16 M)**: Nach Strickschrift 2 arb. Die 1.–44. R 1 x arb, danach die 1.–14. R 1 x arb = 58 R.
**Muster C (über 20 M)**: Nach Strickschrift 3 arb. Die 1.–10. R 2 x arb, dann die 1.–38. R 1 x arb = 58 R.
**Muster D (über 8 M)**: Nach Strickschrift 4 arb. Die 1.–20. R 2 x arb, dann die 1.–18. R 1 x arb = 58 R.
**Muster E (über 14 M)**: Nach Strickschrift 5 arb. Die 1.–20. R 2 x arb, dann die 1.–18. R 1 x arb = 58 R.
**Noppenmuster**: M-Zahl teilbar durch 10 + 4 (10) + 2 Rdm. Nach Strickschrift 6 arb. Mit 1 Rdm und den M ab Pfeil A (B) beginnen, den MS stets wdh, enden mit den M bis Pfeil C (D) und 1 Rdm. Die 1.–20. R stets wdh.
**Maschenprobe im Durchschnitt**: 20 M und 26,5 R = 10 x 10 cm;
**im Noppenmuster**: 17 M und 24, 5 R = 10 x 10 cm;
**im Muster A (für Ärmel)**: 21 M und 26,5 R = 10 x 10 cm.

**Rückenteil**: 98 (106) M anschl und für die Blende 3 cm = 8 R kr re arb, dabei in der letzten R gleichmäßig vert 14 M zun = 112 (120) M. Danach in folg Einteilung weiterarb: Rdm, 1 (5) M gl li, 16 M Muster A, 1 M gl li, 16 M Muster A, 3 M gl li, 16 M Muster B, 3 M gl li, 16 M Muster A, 20 M Muster C, 16 M Muster A, 2 (6) M gl li, Rdm. Nach 22 cm = 58 R ab Anschlag 8 R kr re arb, dabei in der 1. R gleichmäßig vert 14 M abn = 98 (106) M und in der letzten R wieder 14 M zun = 112 (120) M. Danach in folg Einteilung weiterarb: Rdm, 6 (10) M gl li, 8 M Muster D, 8 M gl li, 8 M Muster D, 4 M gl li, 16 M Muster A, 4 M gl li, 14 M Muster E, 4 M gl li, 16 M Muster A, 4 M gl li, 8 M Muster D, 10 (14) M gl li, Rdm. Nach 47 cm = 124 R ab Blende 8 R kr re str, dabei in der 1. R gleichmäßig vert 16 (18) M abn = 96 (102) M. Anschließend für die Passe im Noppenmuster weiterarb. Für den Halsausschnitt nach 14 cm = 34 R Passenhöhe die mittl 26 M abk und beide Seiten getrennt beenden. Für die Rundung am inneren Rand in jeder 2. R 1 x 3 und 2 x je 1 M abk. Die restl je 30 (33) Schulter-M nach 17 cm = 42 R Passenhöhe abk.

**Vorderteil**: Genauso, jedoch mit tieferem Halsausschnitt arb. Dafür bereits nach 10 cm = 24 R Passenhöhe die mittl 12 M abk und in jeder 2. R 1 x 4, 1 x 3, 1 x 2 und 3 x je 1 M abk.

**Ärmel**: 40 M anschl und für die Blende 3 cm = 8 R kr re arb, dabei in der letzten R gleichmäßig vert 8 M zun = 48 M. Danach im Muster A wie folgt weiterarb: Mit 1 Rdm beginnen, den MS 3 x arb, enden mit der M nach dem MS und 1 Rdm. Die 1.–16. R 1 x arb, dann die 3.–16. R stets wdh. Gleichzeitig für die Ärmelschrägungen ab Blende beids 25 x in jeder 4. R und 6 x in jeder 2. R je 1 M mustergemäß zun = 110 M. Nach 44 cm = 116 R ab Blende alle M abk.

**Fertigstellung**: Schulternähte schließen. Mit der Rundstrick-N aus dem Halsausschnittrand 100 M auffassen und im Noppenmuster in Rd str, dabei den MS stets wdh und in den geraden Rd die Noppen-M li str. Nach 6 cm = 15 Rd Kragenhöhe die Arbeit wenden und auf der bisherigen Innenseite im Noppenmuster weiterstr. Nach 14 cm = 34 Rd Kragenhöhe alle M abk. Ärmel einsetzen, Seiten- und Ärmelnähte schließen.

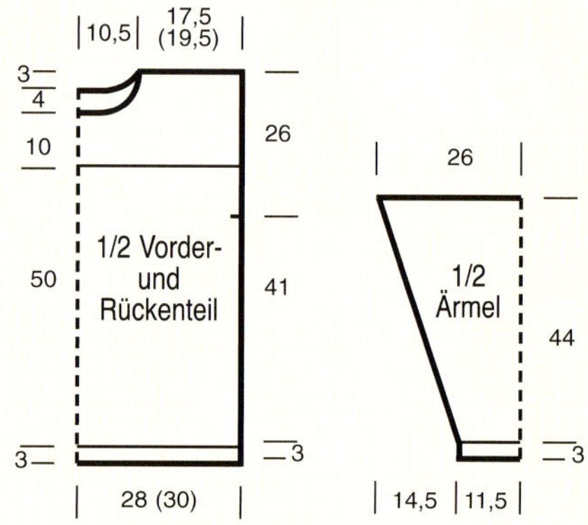


***Zeichenerklärung für Strickschriften***

*I = 1 M re*

*□ = 1 M li*

*V = in den Hinr 1 M wie zum Li-str abh, dabei den Faden hinter der M weiterführen; in den Rückr die M li str*

*= 10 M nach li verzopfen re: 5 M auf eine Zopf-Nd vor die Arb legen, 5 M re und die M der Zopf-Nd re str*

*= 6 M nach li verzopfen re: 3 M auf eine Zopf-Nd vor die Arbeit legen, 3 M re und die M der Zopf-Nd re str*

*= 4 M nach re verzopfen re/li: 1 M auf eine Zopf-Nd hinter die Arbeit legen, 3 M re und die M der Zopf-Nd li str*

*= 4 M nach li verzopfen li/re: 3 M auf eine Zopf-Nd vor die Arbeit legen, 1M li und die M der Zopf-Nd re str*

*= 5 M nach li verzopfen li/re: 4 M auf eine Zopf-Nd vor die Arbeit legen, 1 M li und die M der Zopf-Nd re str*

*= 5 M nach re verzopfen re/li: 1 M auf eine Zopf-Nd hinter die Arbeit legen, 4 M re und die M der Zopf-Nd li str*

*• = 1 Noppe: aus der M 5 M herausstr, dann 2 x * die Arbeit wenden, 5 M li, die Arbeit wenden, 5 M re*, anschließend die 4., 3., 2. und 1. M über die 5. M ziehen*

*Strickschrift 1*

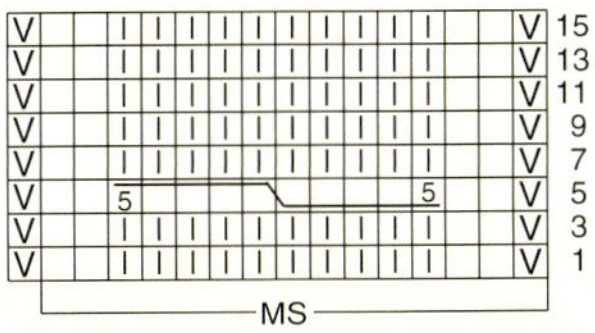


*Strickschrift 2*

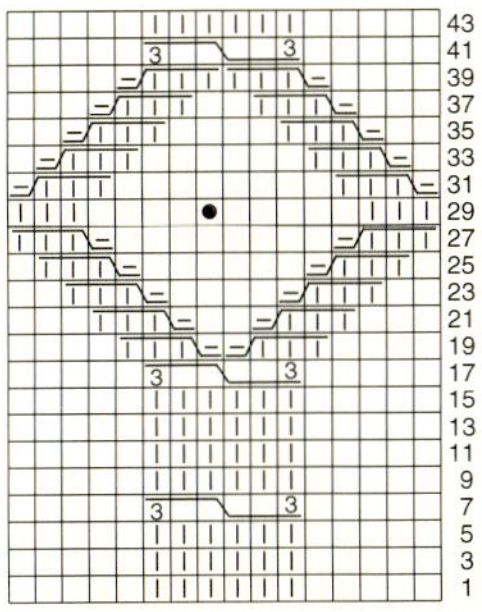

*Strickschrift 3*

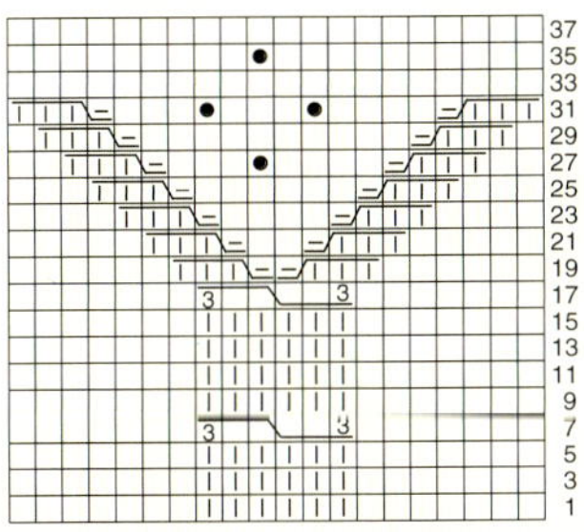

*Strickschrift 4*

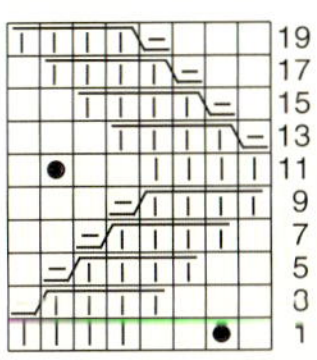

*Strickschrift 5*

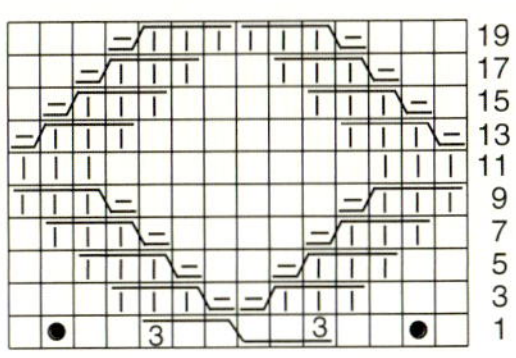

*Strickschrift 6*

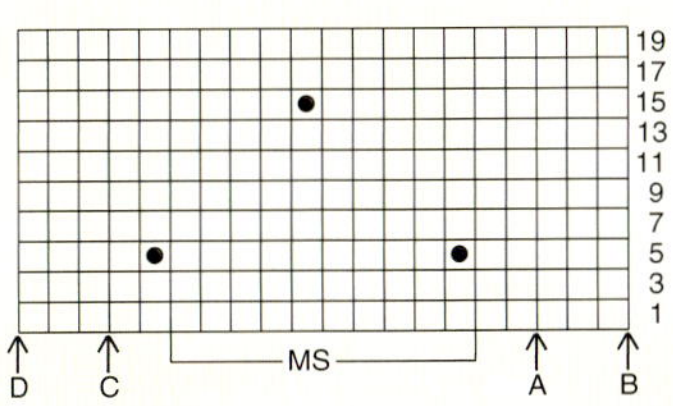

# Pulli mit großen Noppen

**Größe:** 40/42, 52/54

Die abweichenden Angaben der größeren Größe stehen in Klammern, sofern sie von den Angaben der kleineren Größe abweichen.

**Material:**
- 550 (700) g grün (Fb 46) „Leggero" (100% Microfaser, LL = 160 m/50 g) von Lana Grossa
- Stricknadeln 4,5
- 1 kurze Rundstricknadel 4,5
- 1 Zopf-N

**Bundmuster über 7 M in R bzw Rd:** 1. R bzw Rd: *1 M li, 1 M re verschr, 1 M li, 4 M re.
**2.und 4.R bzw Rd:**
M str, wie sie erscheinen, dabei die verschr M li bzw re verschr str.
**3. R bzw Rd:** * 1 M li, 1 M re verschr, 1 M li, 4 M nach re verzopfen (2 M auf eine Zopf-N hinter die Arbeit legen, 2 M re und die M der Zopf-N re str). Ab * und die 4 R bzw Rd wdh.
**Blattstreifen über 30 M:** Laut Strickschrift str. Es sind die Hin-R gezeichnet. In den Rück-R die M str, wie sie erscheinen. Die 11.–38. R stets wiederholen. An den mit A bezeichneten Stellen der Strickschrift die Blätter lt Detailzeichnung A str.
**Streifen über 16 M:** Laut Strickschrift str. Es sind die Hin-R gezeichnet. In den Rück-R die M str, wie sie erscheinen. Die 4 R stets wiederholen.
**Maschenprobe:** Im Mustermix sind 17,5 M und 28 R = 10 x 10 cm.

**Rückenteil:** 107 (121) M anschl und zwischen den Rand-M 4 cm im Bundmuster str. In der letzten R verteilt 1 M abn (3 M zun). Weiter zwischen den Rand-M 21 (30) M Blattstreifen bei A (B) beginnend, 16 M Streifen, 30 M Blattstreifen, 16 M Streifen, 21 (30) M Blattstreifen str. 62 cm ab Bund für den Ausschnitt die mittleren 24 M abk. Über beide Schultern getrennt zu Ende str. Dabei in jeder 2. R am Ausschnittrand 2 x 3 M abk. 64 cm ab Bund die restlichen 35 (44) Schulter-M abk.

**Vorderteil:** Wie Rückenteil, jedoch mit tieferem Ausschnitt. Dafür 56 cm ab Bund die mittleren 14 M abk. Beide Schultern getrennt beenden. Dabei in jeder 2.R am Ausschnittrand 1 x 3, 3 x 2, 2 x 1 M abk. 8 cm ab Ausschnittbeginn die restlichen 35 (44) Schulter-M abk.

**Ärmel:** Je 37 (44) M anschl. Zwischen den Rand-M 3 cm im Bundmuster str. In der letzten R verteilt 9 (8) M zun. Weiter zwischen den Rand-M 7 (10) M Streifenmuster bei A (B) beginnend, 30 M Blattstreifen, 7 (10) M Streifenmuster str. Für die Ärmelschrägung beids in jeder 4. R 26 (20) x 1 M und in jeder 3. R 0 (6) x 1 M mustergemäß zun. 38 (36) cm ab Bund alle M abk.

**Fertigstellung:** Schulternähte schließen. Aus dem Halsausschnitt mit der Rund-N 91 M aufnehmen und 3 cm im Bundmuster str. Die M abk. Die Ärmel einnähen, so dass die Ärmelmitte an der Schulternaht liegt. Die Ärmel-Seitennähte schließen.

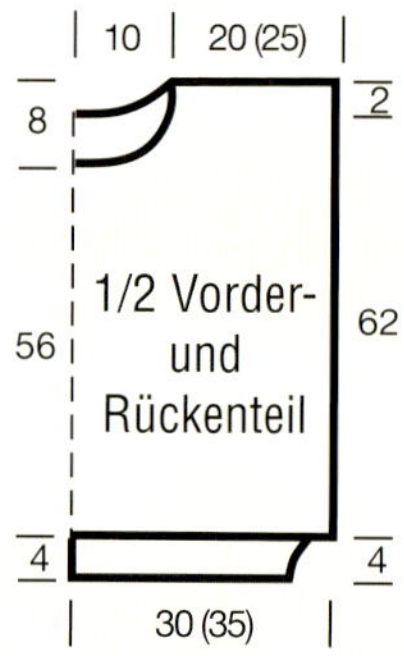


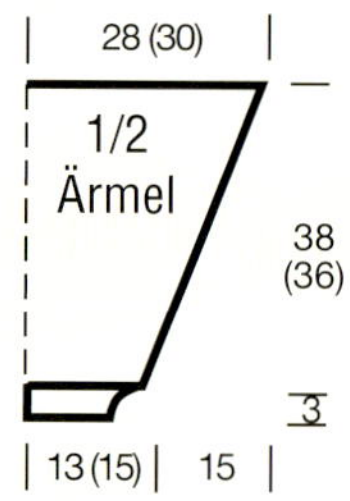


***Zeichenerklärung für Strickschrift:***

*Über jedem leeren Feld ein Motiv A arbeiten. In der Höhe 1 x die 1. – 38. R str., dann die 11. – 38. R stets wdh.*

*= 1 M re*

*= 1 M li*

*= 1 Umschlag*

*= 2 M re zusstr*

*= 1 Überzug: 1 M abheben, 1 M re str und die abgehobene M drüberziehen*

*= 1 doppelter Überzug: 2 M zus re verschränkt abh, 1 M re str und die abgehobenen M drüberziehen*

*= 4 M nach re verzopfen re: 2 M auf eine Zopf-Nd hinter die Arbeit legen, 2 M re und die M der Zopf-Nd re str*

*= 4 M nach li verzopfen re: 2 M auf eine Zopf-Nd vor die Arbeit legen, 2 M re und die M der Zopf-Nd re str*

*= 4 M nach re verzopfen re/li: 1 M auf eine Zopf-Nd hinter die Arbeit legen, 3 M re und die M der Zopf-Nd li str*

*= 4 M nach li verzopfen li/re: 3 M auf eine Zopf-Nd vor die Arbeit legen, 1 M li und die M der Zopf-Nd re str*

*= 6 M nach li verzopfen re: 3 M auf eine Zopf-Nd vor die Arbeit legen; 3 M re und die M der Zopf-Nd re str*

*= 1 M links str, aus dem folgenden Querfaden 1 M rechts, 1 U, 1 M rechts 1 U, 1 M rechts, 1 U, und 1 M rechts herausstr.; 1 M links str = 9 M*

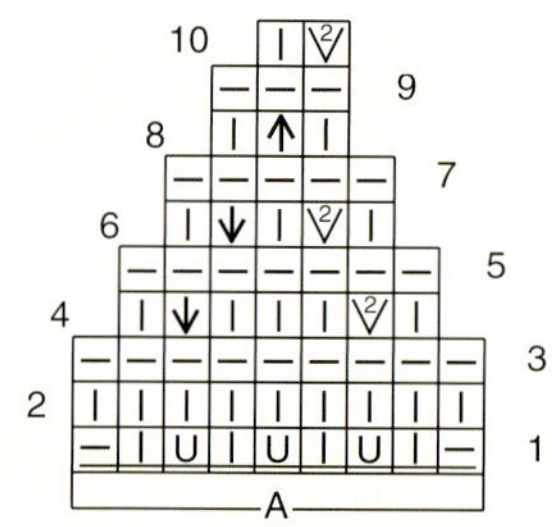


***Streifen über 16 M***

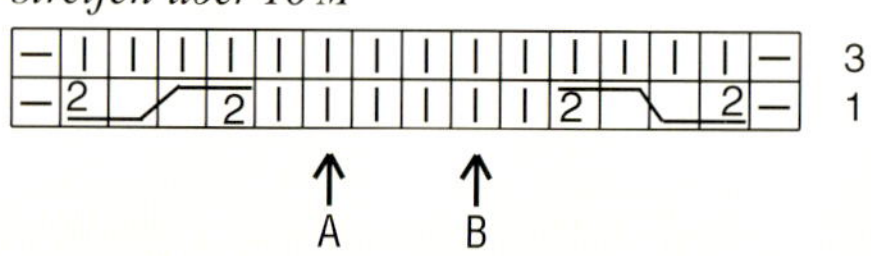


***Blattstreifen über 30 M***

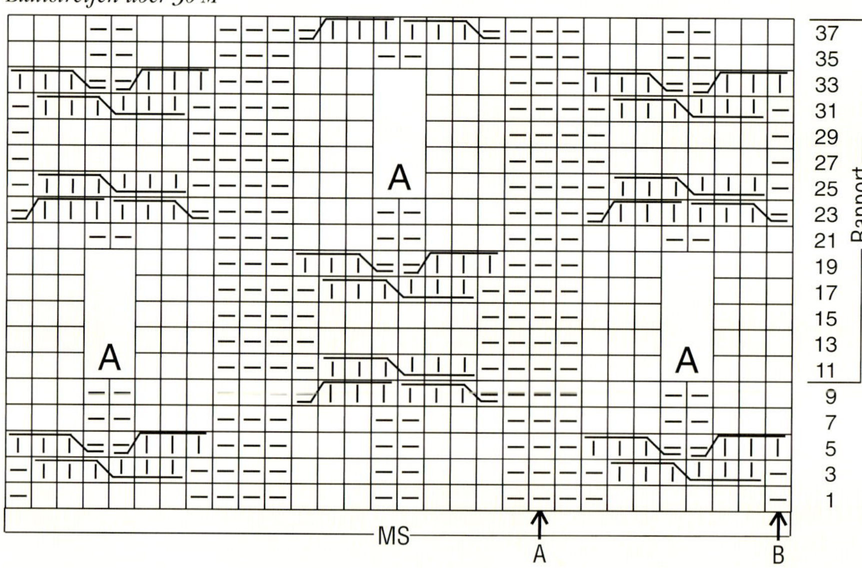

# Pulli mit Farbflächen

**Größe:** 36/38 (40/42)

**Material:**

- 150 g türkis (Fb 34) und je 100 g maigrün (Fb 37) und grün (Fb 51) „Multicot" (60 % Baumwolle, 40 % Microfaser, LL = 80 m/50 g), je 50 g grün meliert (Fb 217) und türkis (Fb 42) „Leggero" (100 % Microfaser, LL = 160 m/50 g), je 50 g oliv (Fb 8), petrol (Fb 19) und neongrün (Fb 10) „Pep" (80 % Microfaser, 20 % Polyamid, LL = 110 m/50 g) und je 50 g türkis (Fb 12) und oliv (Fb 17) „Rotonda" (100 % Microfaser, LL = 130 m/50 g). von Lana Grossa
- Je 1 Paar Schnellstrick-N Nr 4 und 4,5
- Eine Häkel-N Nr 4
- Holzperlen

**Gl re:** Hinr re M, Rückr li M.
**Gl li:** Hinr li M, Rückr re M.
**Kr re:** Hin- und Rückr re M.
**Gr Perlmuster: 1. R:** 1 M re, 1 M li im Wechsel.
**2. und 4. R:** M str, wie sie erscheinen.
**3.R:** 1 M li, 1 M re im Wechsel. Die 1.–4. R stets wdh.
**Einstrickmuster:** Nach Zählmuster 1 bzw 2 arb. Dabei für jede Farbfläche ein extra Knäuel verwenden und beim Farbwechsel die Fäden auf der Rückseite der Arbeit miteinander verkr, damit keine Löcher entstehen. In der 1. R nach einem Farbwechsel stets gl re str. Zählmuster 1 zeigt das Vorderteil, das Rückenteil ggl (d. h. Zählmuster von li nach re lesen) arb. Zählmuster 2 zeigt die re Hälfte des li Ärmels, die li Hälfte ohne Mittel-M ggl arb. Für die gr Größe beids je 3 M (= Vorderteil/Rücken) bzw. 2 M (=Ärmel) mustergemäß hinzufügen. Die Rdm sind eingezeichnet.
*Achtung:* Die Qual „Rotonda" wird mit dopp Faden gestrickt!
**Maschenprobe im Durchschnitt:** 15,5 M und 24 R = 10 x 10 cm;
**re Ärmel:** 14 M u. 30 R = 10 x 10 cm;
**li Ärmel:** 16 M u. 28,5 R = 10 x 10 cm.

**Vorderteil:** 84 (90) M mit N Nr 4 in folg Einteilung anschl: 16 (19) M in Maigrün, 13 M in Grün, 13 M in Grün meliert, 11 M in „Multicot" in Türkis, 17 M in „Pep" in Oliv, 14 (17) M in Grün meliert und für die Blende 2 cm = 6 R kr re str. Danach mit N Nr 4,5 farbgemäß in folg Mustern weiterarb: 16 (19) M gr Perlmuster, 13 M kr re, 13 M gl li, 11 M gr Perlmuster, 17 M gl re, 14 (17) M gl li. Nach 29 cm = 70 R ab Blende lt Zählmuster 1 weiterarb. Für den V-Ausschnitt nach 36,5 cm = 88 R (35 cm = 84) R ab Blende die beiden mittl M abk und jede Seite getrennt beenden. Für die Ausschnittschrägung 3 x in jeder 2. R und 6 (8) x in jeder 4. R je 1 M abk. Die restl je 32 (33) Schulter-M nach 53,5 cm = 128 R ab Blende abk.

**Rückenteil:** Ggl und ohne Halsausschnitt arb.

**Re Ärmel:** 43 (48) M mit N Nr 4,5 in „Multicot" in Türkis anschl und zwischen den Rdm kr re arb. Gleichzeitig für die Ärmelschrägungen ab Anschlag beids 9 x in jeder 4. R je 1 M zun = 61 (66) M. Nach 12,5 cm = 38 R ab Anschlag die M abk.
**Li Ärmel:** 49 (53) M mit N Nr 4,5 in Grünmeliert anschl und lt Zählmuster 2 arb und enden.
**Fertigstellung:** Schulternähte schließen. Den Halsausschnittrand mit je 1 Rd fe M und Krebs-M (= fe M von li nach re) in Grünmeliert bzw in „Multicot" in Türkis umhäkeln. Ärmel einsetzen, Seiten- und Ärmelnähte schließen. Das Vorderteil mit Kreuzstichen in Grün und Maigrün lt Foto besticken und an die Garnenden blaue und grüne Holzperlen knoten.

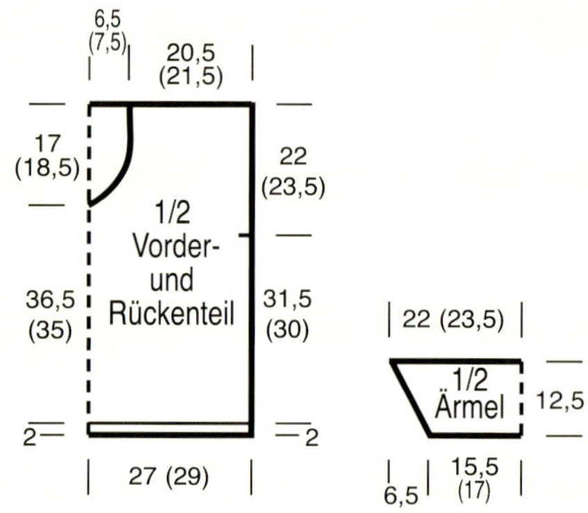


*Zeichenerklärung*

*1 = „Multicot" in Türkis gr Perlmuster*
*2 = Maigrün gr Perlmuster*
*3 = Grün kr re*
*4 = Grün meliert gl li*
*4a = Grün meliert kr re*
*5 = „Leggero" in Türkis gl li*
*6 = „Rotonda" in Türkis gl re*
*6a = „Rotonda" in Türkis kr re*
*7 = Petrol gl re*
*8 = Neongrün gl re*
*9 = „Rotonda" in Oliv gl re*
*□ = 1 M + 1 R*

*Zählmuster 2*

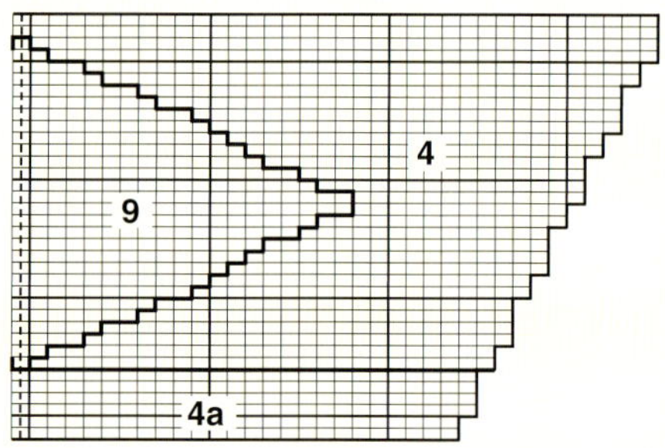


*Zählmuster 1*

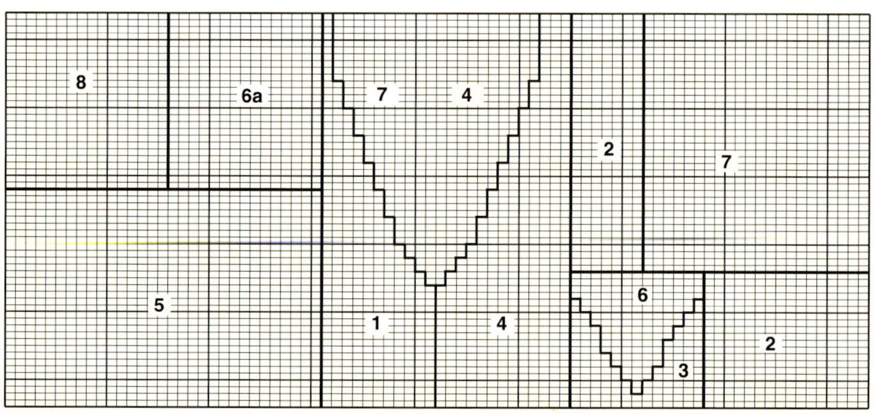

# Bunt gestreifte Jacke

**Größe:** 36/38 (40/42) 44/46

**Material:**

- Je 150 (200) 200 g pink (Fb 41) und weiß (Fb 5), 100 (150) 150 g anthrazit (Fb 57), je 50 (100) 100 g blau (Fb 24) und orange (Fb 29) „Leggero" (100% Microfaser, LL = 160 m/50 g) von Lana Grossa
- Rundstrick-N Nr 4,5
- Eine Häkel-N Nr 3,5
- Ein Reißverschluss, 50 cm lang

**Gl re:** Hinr re M, Rückr li M.
**Kr re:** Hin- und Rückr re M.
**Streifenfolge:** °°, * 2 R Pink, 2 R Weiß gl re, ab * noch 5 x wdh, 6 R Anthrazit kr re, * 2 R Orange, 2 R Weiß gl re, ab * noch 5 x wdh, 6 R Anthrazit kr re, * 2 R Blau, 2 R Weiß gl re, ab * noch 5 x wdh, 6 R Anthrazit kr re, ab °° wdh.
**Maschenprobe im Durchschnitt:** 16 M und 30 R = 10 x 10 cm.

**Rückenteil:** 86 (92) 98 M in Pink anschl und in der Streifenfolge str. Für die Armausschnitte nach 36 cm = 108 R (34 cm = 102 R) 32 cm = 96 R ab Anschlag beids in jeder 2. R 8x je 1 M abk = 70 (76) 82 M. Für die Schulterschrägungen nach 58 cm = 174 R ab Anschlag beids in jeder 2. R 3x je 6 (6) 7 M abk. Gleichzeitig mit der 1. Schulterabnahme die mittl 18 (20) 22 M abk und beide Seiten getrennt beenden.
Für die Rundung am inneren Rand in jeder 2. R 1 x 2 und 1 x 1 M abk. Die restl je 5 (7) 6 Schulter-M nach 60 cm = 180 R ab Anschlag abk.

**Li Vorderteil:** 43 (46) 49 M in Pink anschl und in der Streifenfolge str. Den Armausschnitt und die Schulterschrägung am re Rand wie beim Rückenteil arb. Für die Ausschnittrundung am li Arbeitsrand nach 52 cm = 156 R ab Anschlag in jeder 2. R 1 x 5 (6) 7, 2 x je 2 und 3x je 1 M abk. Die restl 5 (7) 6 Schulter-M in Rückenteilhöhe abk.

**Re Vorderteil:** Ggl arb.

**Ärmel:** 38 (44) 50 M in Pink anschl und in der Streifenfolge str. Gleichzeitig für die Ärmelschrägungen ab Anschlag beids 16x in jeder 6. R je 1 M zun = 70 (76) 82 M. Für die flache Armkugel nach 35 cm = 104 R ab Anschlag beids 8x in jeder 2. R je 1 M abk. Die restl 54 (60) 66 M nach 40 cm = 120 R ab Anschlag abk.

**Kapuze:** 106 M in Pink anschl und gl re str. Nach 14 cm = 42 R ab Anschlag beids 1 x 40 M abk. Die restl 26 M nach 39 cm = 118 R ab Anschlag abk.

**Fertigstellung:** Schulternähte schließen. Kapuzennähte schließen. Kapuze an den Halsrand nähen. Die Vorderteilkanten und den Kapuzenrand mit 1 R fe M in Orange umhäkeln. Reißverschluss einsetzen. Ärmel einsetzen, Seiten- und Ärmelnähte schließen.

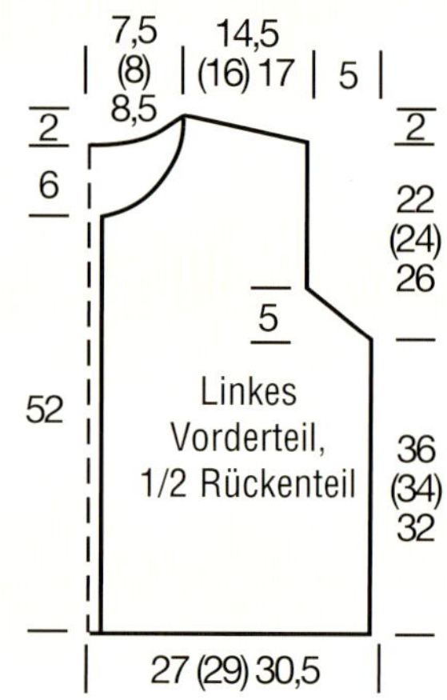


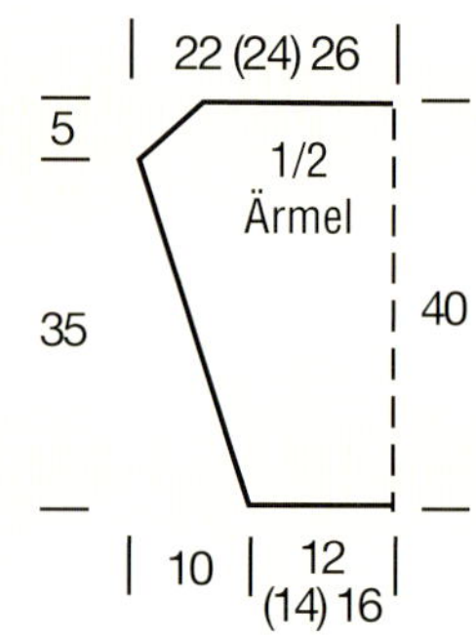


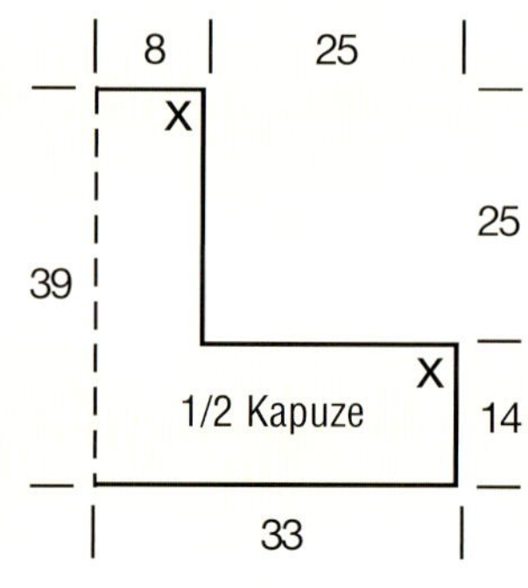

SCRAMBLER

# Jacke im Hebemaschenmuster

**Größe:** 34/36 (38/40) 42/44

**Material:**
- 150 g dunkelblau (Fb 23) und je 100 g ecru (Fb 13), hellblau (Fb 24) und hellgrün (Fb 3) „Leggero" (100% Microfaser, LL = 160 m/50 g) von Lana Grossa
- 1 Paar Schnellstrick-N Nr 4,5
- 1 Rundstrick-N Nr 5
- Fünf Knöpfe

**Kr re mit N Nr 4,5:** Hin- und Rückr re M.
**Hebemaschenmuster mit N Nr 5:** Gerade M-Zahl. Nach der Strickschrift arb. Es sind Hin- und Rückr gezeichnet, jede R beginnt und endet mit 1 Rdm. Zwischen den Rdm den MS stets wdh. Die 1.–26. R 1x arb, danach die 3.–26. R stets wdh.
**Maschenprobe im Hebemaschenmuster:** 19,5 M und 38 R = 10 x 10 cm.
*Achtung!* Es ist nicht jede R im M-Bild erkennbar.

**Rückenteil:** 90 (98) 106 M in Dunkelblau anschl, 1 Rückr li M (zählen in der Berechnung der R-Angaben nicht mit) und weiter im Hebemaschenmuster str. Für die Schulterschrägungen nach 45 cm = 172 R ab Anschlag beids in jeder 2. R 3x je 7 (8) 9 M abk. Gleichzeitig mit der 1. Schulterabnahme für den Halsausschnitt die mittl 24 M abk und jede Seite getrennt beenden. Für die Rundung am inneren Rand in jeder 2. R 1x3 und 1x2 M abk. Die restl je 7 (8) 9 Schulter-M nach 47 cm = 178 R ab Anschlag abk.
**Li Vorderteil:** 44 (48) 52 M in Dunkelblau anschl und im Hebemaschenmuster weiterarb. Für den Halsausschnitt nach 41 cm = 156 R ab Anschlag am li Arbeitsrand 1 x 5 M abk und in jeder 2. R 1 x 4, 1 x 3, 1 x 2 und 2 x je 1 M abk. Die Abnahmen für die Schulterschrägung am re Arbeitsrand wie beim Rückenteil arb. Die restl 7 (8) 9 Schulter-M in Rückenteilhöhe abk.

**Re Vorderteil:** Ggl arb.

**Ärmel:** 50 (50) 58 M in Dunkelblau anschl und im Hebemaschenmuster str. Gleichzeitig für die Ärmelschrägungen ab Anschlag beids 13 x in jeder 10. R und 5 x in jeder 8. R je 1 M mustergemäß zun = 86 (86) 94 M. Für die flache Armkugel nach 47 cm = 178 R ab Anschlag beids in jeder 2. R 6 x je 6 M abk. Die restl 14 (14) 22 M nach 50 cm = 190 R ab Anschlag abk.

**Fertigstellung:** Die Schulternähte schließen. Aus den Verschlusskanten in Dunkelblau je ca. 62 M auffassen und kr re str. Dabei nach 1 cm Blendenhöhe in die re Blende 4 Knopflöcher (= 2 M abk und in der folg R wieder anschl) einarb. Das 1. Knopfloch 4 M vom unteren Rand entfernt arb, die weiteren folgen im Abstand von je 13 M. Nach 2 cm Blendenhöhe alle M abk. Aus dem Halsausschnittrand inkl. der Blendenschmalseiten mit der Rundstrick-N in Dunkelblau ca. 78 M auffassen und kr re str. Dabei nach 1 cm Blendenhöhe 2 M vom re Arbeitsrand entfernt 1 Knopfloch einarb. Nach 2 cm Blendenhöhe alle M abk. Ärmel einsetzen, Seiten-Ärmelnähte schließen. Knöpfe annähen.

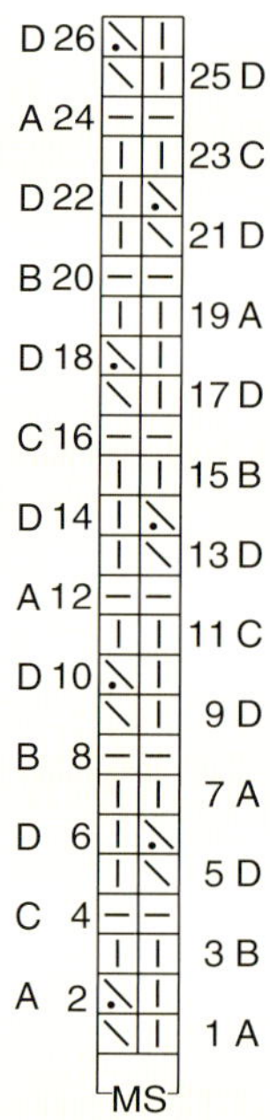


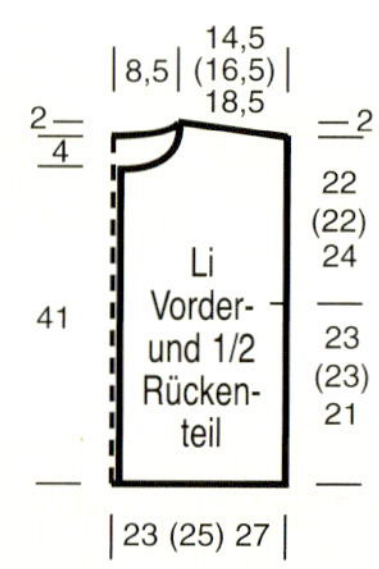


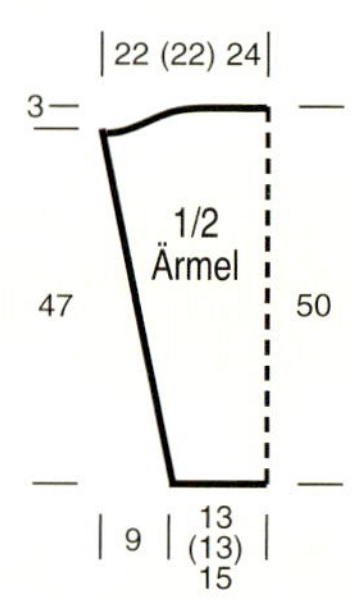


***Zeichenerklärung zur Strickschrift***

*A = Hellblau*
*B = Ecru*
*C = Hellgrün*
*D = Dunkelblau*
| = *1 M re*
– = *1 M li*
\ = *1 M li abheben, dabei den Faden hinter der Arbeit weiterführen*
\. = *1 M li abheben, dabei den Faden vor der Arbeit weiterführen*

# Blau-grüner Kinderpulli

**Größe:** 110/116 (122/128)

**Material:**

- 300 g kiwi (Fb 37), 100 g blau (Fb 35), je 50 g hellblau (Fb 40), türkis (Fb 34) und khaki (Fb 51) „Multicot" (60 % Baumwolle, 40 % Microfaser, LL = 80 m / 50 g) von Lana Grossa
- Je 1 Paar Schnellstrick-N Nr 4,5 und 5
- Eine Rundstrick-N Nr 4,5

**Kr re mit N Nr 4,5 in R:** Hin- und Rückr re M;
**in Rd:** abw je 1 Rd li und re M str.
**Alle weiteren Muster mit N Nr 5.**
**Gl re:** Hinr re M, Rückr li M.
**Hebemaschenmuster:** M-Zahl teilbar durch 2 + 1 + 2 Rdm. Lt Strickschrift arb. Es sind nur Hinr gezeichnet, in den Rückr M farbgemäß str, wie sie erscheinen, abgehobene M wieder abh, dabei den Faden vor der Arbeit weiterführen. Mit 1 Rdm beginnen, den MS stets wdh, enden mit der M nach dem MS und 1 Rdm. Die 1.–16. R 1 x arb, dabei den Farbwechsel beachten.
**Musterfolge A:** 22 (26) R gl re in Blau, 16 R Hebemaschenmuster, restl R gl re in Kiwi.
**Musterfolge B:** 16 (20) R gl re in Blau, 16 R Hebemaschenmuster, restl R gl re in Kiwi.
**Maschenprobe im Durchschnitt:** 17 M und 25,5 R = 10 x 10 cm.

**Rückenteil:** 65 (71) M in Khaki anschl und für die Blende, mit 1 Rückr beginnend, 1 cm = 3 R kr re str. Danach in Musterfolge A weiterarb. Für die Armausschnitte nach 22,5 cm = 58 R (24 cm = 62 R) ab Blende beids in jeder 2. R 1 x 2, 1 x 1, 1 x 2 und 1 x 1 M wie folgt abn: Am re Rand für 1 abgenommene M die 3.+4. M re überzogen zusstr (= 1 M re abh, folg M re str, dann die abgehobene M darüber ziehen), für 2 abgenommene M die 3.–5. M re überzogen zusstr (= 1 M re abh, folg 2 M re zusstr, dann die abgehobene M darüber ziehen); am li Rand für 1 abgenommene M die 4.- und 3.-letzte M re zusstr, für 2 abgenommene M die 5.–3.-letzte M re zusstr = 53 (59) M. Für die Schulterschrägungen nach 39,5 cm = 100 R (42,5 cm = 108 R) ab Blende beids in jeder 2. R 2 x je 8 (9) M abk. Gleichzeitig mit der 1. Schulterabnahme die mittl 17 (19) M abk und beide Seiten getrennt beenden. Für die Rundung am inneren Rand in der folg 2. R noch 1 x 2 M abk. Nach 41 cm = 104 R (44 cm = 112 R) ab Blende sind alle M aufgebraucht.

**Vorderteil:** Genauso, jedoch mit V-Ausschnitt arb. Dafür nach 30 cm = 76 R (33 cm = 84 R) ab Blende die Mittel-M abk und beide Seiten getrennt beenden. Für die Schrägung 8 (9) x in jeder 2. R und 2 x in jeder 4. R je 1 M wie folgt abn: Am re Rand die 4.- und 3.-letzte M re zusstr, am li Rand die 3. und 4. M re überzogen zusstr.

**Ärmel:** 33 (37) M in Khaki anschl und für die Blende, mit 1 Rückr beginnend, 1 cm = 3 R kr re str. Danach in Musterfolge B weiterarb. Gleichzeitig für die Ärmelschrägungen ab Blende beids 10 x abw in jeder 4. und 6. R und 3 x in jeder 4. R (9 x in jeder 6. R und 4 x in jeder 4. R) je 1 M mustergemäß zun = 59 (63) M. Für die flache Armkugel nach 26 cm = 66 R (29 cm = 74 R) ab Blende beids in jeder 2. R 1 x 2, 1 x 1, 1 x 2 und 1 x 1 M abk. Die restl 47 (51) M nach 29 cm = 74 R (32 cm = 82 R) ab Blende abk.

**Fertigstellung:** Schulternähte schließen. Aus dem Halsausschnittrand mit der Rundstrick-N in Blau ca. 62 (66) M auffassen und 1 cm = 3 Rd kr re str. Danach alle M abk. Ärmel einsetzen, Seiten- und Ärmelnähte schließen.

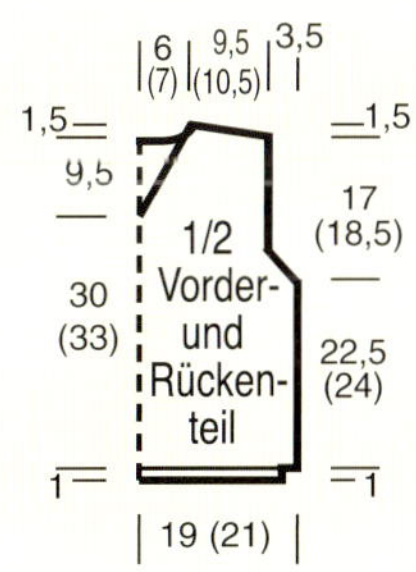


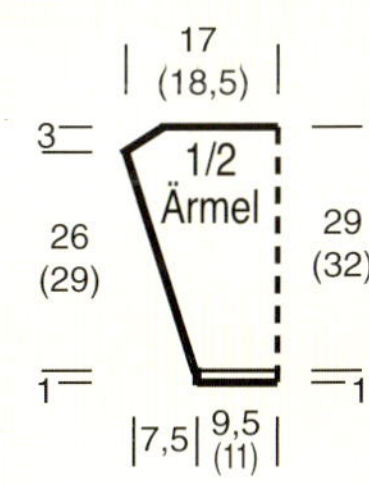


*Zeichenerklärung und Strickschrift*

☐ = *1 M re*
[V] = *1 M li abheben, dabei den Faden hinter der Arbeit weiterführen*
*A = Khaki*
*B = Hellblau*
*C = Türkis*
*D = Kiwi*

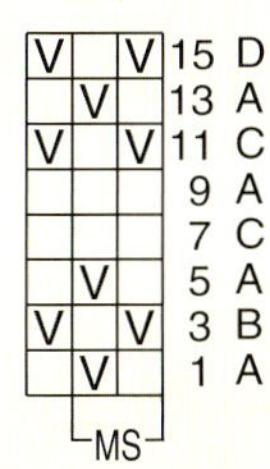

# Damenpulli mit Haus

**Größe:** 34/36 (38/40)

**Material:**
- 350 g tanne (Fb 10), je 100 g grün (Fb 111), hellgrün (Fb 117) und hellblau (Fb 8) „Numero Uno“ (100 % Schurwolle, LL = 125 m/50 g) von Lana Grossa
- Je 1 Paar Schnellstrick-N Nr 3 und 3,5
- Eine Rundstrick-N Nr 3
- Wollreste in Rot, Weiß, Gelb und Schwarz

**Kr re mit N Nr 3:** Hin- und Rückr re M, **in Rd:** 1 Rd re M, 1 Rd li M im Wechsel.
**Streifenfolge 1:** Je 2 R Grün und Hellgrün im Wechsel.
**Streifenfolge 2:** Je 2 Rd Hellblau und Grün im Wechsel.
**Alle weiteren Muster mit N Nr 3,5.**
**Gl re:** Hinr re M, Rückr li M.
**Gl li:** Hinr li M, Rückr re M.
**Perlmuster: Hinr:** 1 M re, 1 M li im Wechsel;
**Rückr:** Genauso, jedoch das Muster um 1 M versetzen.
**Punktmuster: 1.+ 2., 4.– 6.+ 8. R:** gl re; **3. R:** * 5 M re, 1 M li, ab * wdh; **7. R:** * 2 M re, 1 M li, 3 M re, ab *wdh. Die 1.– 8. R stets wdh.
**Pikeemuster: 1.+ 2., 4.– 6.+ 8. R:** gl re; **3. R:** * 3 M re, 1 M li, ab *wdh; 7. R: * 1 M re, 1 M li, 2 M re, ab * wdh. Die 1.– 8. R stets wdh.
**Einstrickmuster:** Nach Zählmuster arb. Dabei für jede Farbfläche ein extra Knäuel verwenden und beim Farbwechsel die Fäden auf der Rückseite der Arbeit miteinander verkr, damit keine Löcher entstehen. Das Zählmuster zeigt das Vorderteil und die Ärmel, das Rückenteil wird ggl (Zählmuster von li nach re lesen) gearbeitet. Für die kleinere Größe beids je 5 M weglassen.

**Stickerei:** Die Gl-re-Fläche in Tanne im Vorder- und Rückenteil sowie im re Ärmel beliebig mit Blümchen besticken. Dafür jeweils einen M-Stich (= 1 M breit und 2 R hoch) in Grün oder Hellgrün, darüber je einen oder drei Knötchenstiche (Faden 3 x um die N wickeln) in Rot bzw Gelb arb. Die Vögel im Vorderteil lt Foto in Schwarz im Steppstich aufsticken, die Bäumchen wie beim Herrenpulli, Seite 103, arb. Die Pilze lt Foto auf die Perlmuster-Fläche in Vorder- und Rückenteil sowie im li Ärmel im Kettenstich in Rot bzw Weiß aufsticken, auf die rote Fläche je 3 Knötchenstiche in Weiß sticken. Für das Häuschen-Dach in Vorder- und Rückenteil je 13 M in Rot mit N Nr 3,5 anschl und 12 R kr re str, dabei in jeder 2. R am re Rand 1 M zun und am li Rand 2 M re zusstr. Die M abk und die Dächer aufnähen. Auf die Häuser je zwei Fenster in Schwarz im Steppstich lt Foto aufsticken.
**Musterfolge:** 22 R gl re in Tanne, 1x die ersten 28 R des Zählmusters, 10 R Streifen: 2 R gl re in Hellgrün und 2 R gl li in Grün im Wechsel, 20 R Perlmuster in Tanne, 1 x die letzten 66 R des Zählmusters, die restl R in Hellblau im Punktmuster str. Jede R beginnt und endet mit 1 Rdm.
**Maschenprobe im Durchschnitt:**
22 M und 33,5 R = 10 x 10 cm.

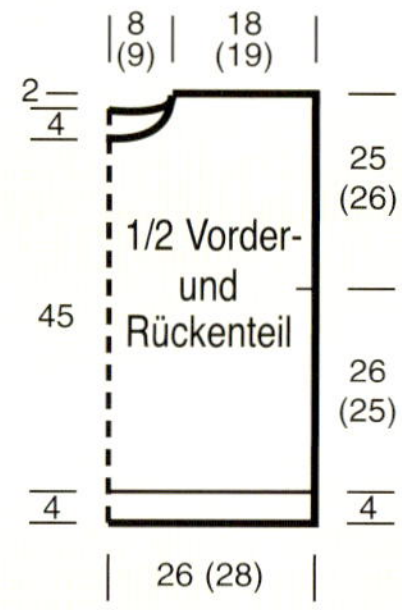


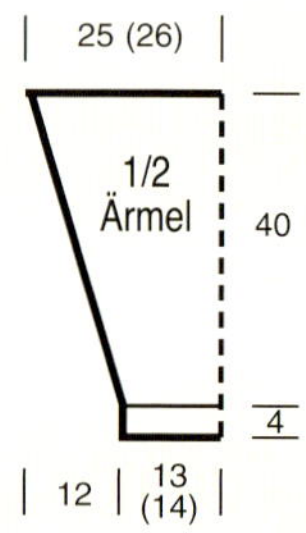


*Zeichenerklärung*

*1 = Tanne gl re*
*2 = Grün Perlmuster*
*3 = Tanne Perlmuster*
*4 = Weiß gl re*
*5 = Rot gl re*
*6 = Hellgrün Pikeemuster*
*7 = Hellblau Punktmuster*
*☐ = 1 M + 1 R*

*Zählmuster*

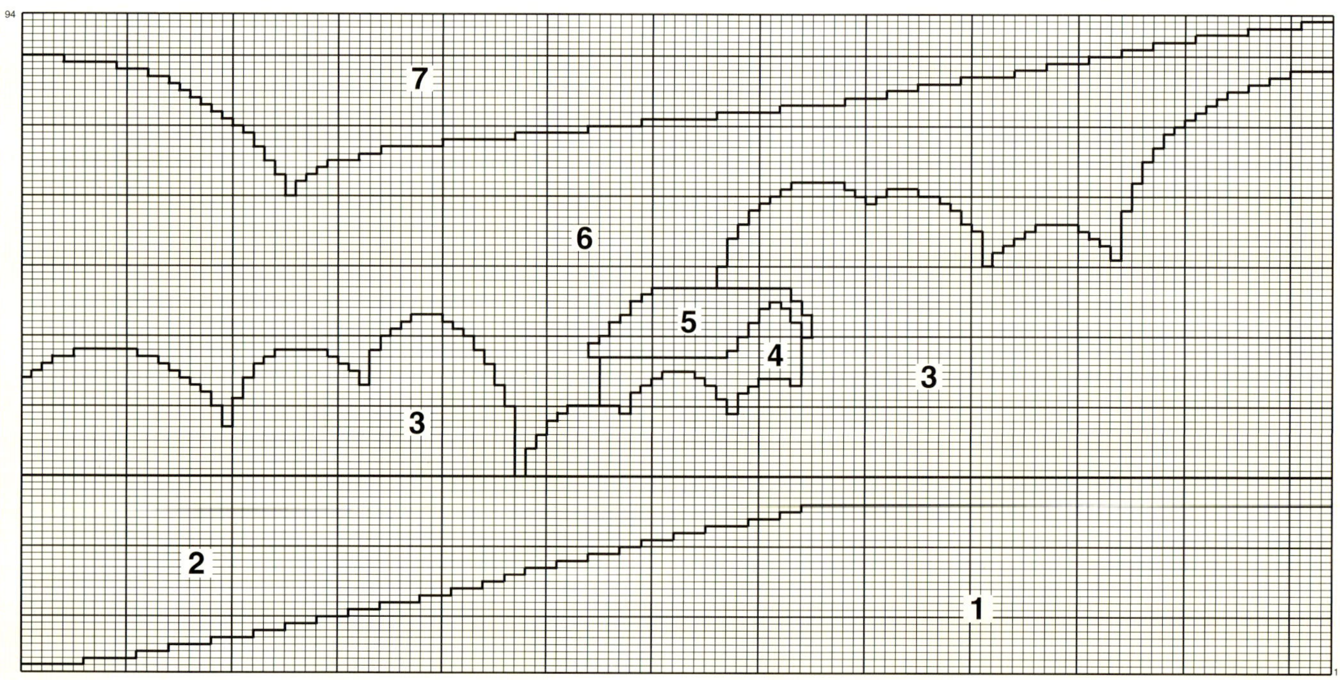

**Vorderteil**: 114 (124) M in Grün anschl und für die Blende 4 cm = 16 R kr re in Streifenfolge 1 arb, danach in der Musterfolge weiterarb, dabei das Punkt- und Pikeemuster von der Mitte aus einteilen. Für den Halsausschnitt nach 45 cm = 150 R ab Blende die mittl 10 (14) M abk und jede Seite getrennt beenden. Für die Rundung am inneren Rand in jeder 2. R 1 x 4, 2 x je 3, 1 x 2 und 1 x 1 M abk. Die restl je 39 (42) Schulter-M nach 51 cm = 170 R ab Blende abk.

**Rückenteil**: Ggl arb und für den höheren Halsausschnitt nach 49 cm = 164 R ab Blende die mittl 28 (32) M abk und in jeder 2. R 1 x 3 und 1 x 1 M abk.

**Ärmel**: 58 (62) M in Grün anschl und für die Blende 4 cm = 16 R kr re in Streifenfolge 1 arb, danach die ersten 80 R der Musterfolge arb, dabei das Zählmuster von der Mitte aus einteilen. Die restl R in Tanne im Perlmuster str. Gleichzeitig für die Ärmelschrägungen ab Blende beids 26 x abw in jeder 4. und 6. R je 1 M mustergemäß zun = 110 (114) M. Nach 40 cm = 134 R ab Blende die M abk.

**Fertigstellung**: Alle Teile besticken. Schulternähte schließen. Aus dem Halsausschnittrand mit der Rundstrick-N in Hellblau 94 (102) M auffassen und 3 cm = 14 Rd kr re in Streifenfolge 2 str, dann die M abk. Ärmel einsetzen, Seiten- und Ärmelnähte schließen.

# Kinderpulli mit Käfern

**Größe:** 116/122 (128/134) 140/146

**Material:**
- 150 (150) 200 g grün (Fb 110), je 100 (100) 150 g hellgrün (Fb 60), hellblau (Fb 8), dunkelgrün (Fb 111), je 50 g rot (Fb 12), schwarz (Fb 35) „Numero Uno" (100% Schurwolle, LL = 125 m/50 g) von Lana Grossa
- Je 1 Paar Schnellstrick-N Nr 3,5 und 4
- 1 Rundstrick-N Nr 3,5
- Wollreste in Weiß und Gelb zum Besticken.

**Gl re:** Hinr re M, Rückr li M.
**Gl li:** Hinr li M, Rückr re M.
**Kr re in R:** Hin- und Rückr re M;
**in Rd:** 1 Rd re M, 1 Rd li M im Wechsel.
**Streifenfolge:** Je 2 Rd Hellblau und Dunkelgrün im Wechsel.
**Perlmuster:**
**Hinr:** 1 M re, 1 M li im Wechsel;
**Rückr:** Genauso, jedoch das Muster um 1 M versetzen.
**Punktmuster:** M-Zahl teilbar durch 6 + 2 Rdm. Jede R beginnt und endet mit 1 Rdm.
**1. + 2., 4.–6. + 8. R:** gl re; **3. R:** * 5 M re, 1 M li, ab * wdh;
**7. R:** * 2 M re, 1 M li, 3 M re, ab * wdh.
Die 1.–8. R stets wdh.
**Einstrickmuster:** Nach Zählmuster arb. Dabei für jede Farbfläche ein extra Knäuel verwenden und beim Farbwechsel die Fäden auf der Rückseite der Arbeit miteinander verkr, damit keine Löcher entstehen. Das Zählmuster zeigt das Vorderteil und die Ärmel, das Rückenteil wird ggl (Zählmuster von li nach re lesen) gearbeitet. Für die größeren Größen beids je 5 (9) M zufügen.

**Stickerei:** Das Vorderteil lt Foto mit Blümchen besticken. Dafür jeweils einen Maschenstich (= 1 M breit und 2 R hoch) in Grün oder Dunkelgrün, darüber je einen oder drei Knötchenstiche (Faden 3 x um die N wickeln) in Rot bzw Gelb arb. Die Vögel in Schwarz im Steppstich aufsticken, die Bäumchen wie beim Herrenpulli, Seite 103, arb. Zwei Pilze lt Foto auf den li Ärmel im Kettenstich in Rot bzw Weiß aufsticken, auf die rote Fläche je 3 Knötchenstiche in Weiß sticken. Für den gr Marienkäfer 13 M in Rot mit N Nr 3,5 anschl und 14 R gl re, dann in Schwarz 10 R gl re str und die M abk. Für die beiden kleineren Käfer 11 bzw 9 M in Rot anschl und 12 bzw 10 R, dann 8 R in Schwarz str und die M abk. Auf die roten Flächen in Schwarz jeweils eine Mittel-Linie im Steppstich und
6–8 Punkte im Knötchenstich sticken. Die Marienkäfer auf das Vorderteil nähen, dabei die Konturen rund formen und die Käfer mit Wolle ausstopfen. In Schwarz im Steppstich an die Köpfe je 2 Fühler sticken.
**Musterfolge:** 2 R kr re in Hellgrün, *2 R gl re in Grün, 2 R gl li in Dunkelgrün, ab * noch 1 x wdh, 8 R gl re in Grün, 2 R gl li in Dunkelgrün, 14 R gl re in Grün, 2 R gl li in Dunkelgrün, 8 (8) 12 R gl re in Grün, 66 R lt Zählmuster, die restl 40 (50) 56 R in Hellblau im Punktmuster arb = 150 (160) 170 R. Jede R beginnt und endet mit 1 Rdm.
**Maschenprobe im Durchschnitt:** 22 M und 35 R = 10 x 10 cm.

**Vorderteil:** 92 (102) 110 M in Dunkelgrün mit N Nr 3,5 anschl und für die Blende 2 cm im Perlmuster str, dann mit N Nr 4 in der Musterfolge weiterarb, dabei für die 2. Größe das Punktmuster von der Mitte aus einteilen. Für den Halsausschnitt nach 37,5 cm = 132 R (40,5 cm = 142 R) 43,5 cm = 152 R ab Blende die mittl 16 M abk und jede Seite getrennt beenden. Für die Rundung am inneren Rand in jeder 2. R 1 x 5, 1 x 3, 1 x 2 und 2 x je 1 M abk. Die restl je 26 (31) 35 Schulter-M nach 43 cm = 150 R (46 cm = 160 R) 49 cm = 170 R ab Blende abk.

**Rückenteil:** Ggl arb und mit höherem Halsausschnitt enden. Dafür nach 41 cm = 144 R (44 cm = 154 R) 47 cm = 164 R ab Blende die mittl 28 M abk und in jeder 2. R 1 x 4 und 1 x 2 M abk.

**Ärmel:** 40 (40) 44 M in Dunkelgrün mit N Nr 3,5 anschl und für die Blende 2 cm im Perlmuster str, dann mit N Nr 4 in der Musterfolge 90 R arb, danach noch 2 R gl re in Hellgrün (2 R gl re in Hellgrün, 2 R gl li in Grün und 6 R gl re in Hellgrün) 2 R gl re in Hellgrün, 2 R gl li in Grün und 18 R gl re in Hellgrün str, dabei das Einstrickmuster von der Mitte aus einteilen. Gleichzeitig für die Ärmelschrägungen ab Blende beids 10 (5) 6 x in jeder 6. R und 7 (17) 18 x in jeder 4. R je 1 M mustergemäß zun = 74 (84) 92 M. Nach 26 cm = 92 R (29 cm = 102 R) 32 cm = 112 R ab Blende die M abk.

**Fertigstellung:** Vorderteil und li Ärmel besticken. Schulternähte schließen. Aus dem Halsausschnittrand mit der Rundstrick-N in Hellblau 80 (80) 90 M auffassen und 2,5 cm kr re in der Streifenfolge str, dann die M abk. Ärmel einsetzen, Seiten- und Ärmelnähte schließen.

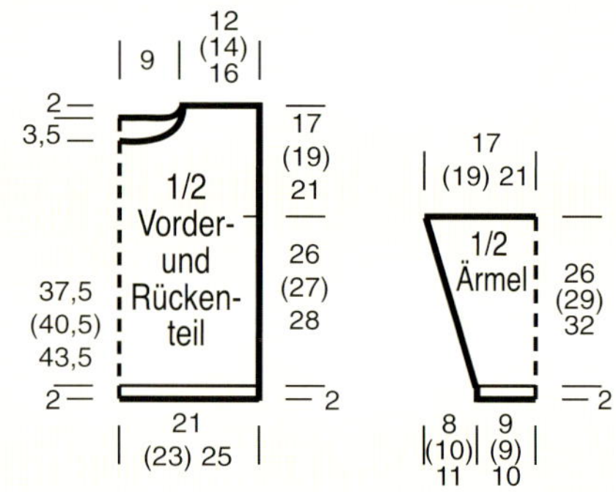


*Zeichenerklärung zum Zählmuster,* *siehe Seite 103*

*1 = Dunkelgrün Perlmuster*
*2 = Grün gl re*
*3 = Hellgrün gl re*
*4 = Hellblau Punktmuster*
*5 = Grün gl li*
*6 = Dunkelgrün gl li*
*☐ = 1 M + 1 R*

*Stickmotiv „Baum"*

# Herrenpulli mit Stickmotiv

**Größe:** 48/50 (52/54) 56/58

**Material:**

- 200 (250) 250 g dunkelblau (Fb 25), 150 (200) 200 g hellblau (Fb 8), 150 g grün (FB 111), 100 (150) 150 g hellgrün (Fb 110), je 100 g tanne (Fb 10), jeans (Fb 34) „Numero Uno" (100% Schurwolle, LL = 125 m/50 g) von Lana Grossa
- 1 Paar Schnellstrick-N Nr 3,5
- Rundstrick-N Nr 3
- Schwarze Wollreste zum Besticken

**Rippenmuster:** 2 M re, 2 M li im Wechsel.
**Gl re:** Hinr re M, Rückr li M.
**Gl li:** Hinr li M, Rückr re M,
**in Rd:** Nur li M.
**Kr re:** Hin- und Rückr re M.
**Gr Perlmuster:** **1. R:** 1 M re, 1 M li im Wechsel.
**2. und 4. R:** M str, wie sie erscheinen.
**3. R:** 1 M li, 1 M re im Wechsel. Die 1.–4. R stets wdh.
**Streifenfolge:** 4 R kr re in Hellgrün, * 2 R gl re in Dunkelblau, 2 R gl li in Tanne, ab * 1x wdh, 4 R gl re in Dunkelblau, 8 R gl li in Tanne, 2 R gl re in Dunkelblau, 6 R gl li in Tanne, 18 R gl li, dabei abw je 2 R in Hellgrün und Grün str, 4 R gl re in Grün, 2 R gl li in Tanne, 6 R gl re in Grün, 2 R gl li in Tanne, 10 R gl li in Grün, 2 R gl re in Tanne, 8 R gl li in Grün, 2 R gl re in Hellgrün, 2 R gl li in Grün, 6 R gl re in Hellgrün, 2 R gl li in Grün, 4 R gl re in Hellgrün, je 2 R gl li in Grün und Hellgrün, 10 R gl re, dabei abw je 2 R in Jeans und Dunkelblau str, 2 R gl li in Hellblau, 6 R gl re in Jeans, 12 R gl li, dabei abw je 2 R in Hellblau und Jeans str, 4 R gl re in Hellblau, 2 R gl re in Jeans, 6 R gl re in Hellblau, 2 R gl re in Jeans, 8 R gl re in Hellblau, 2 R gl re in Jeans, 34 R gl li in Hellblau = 192 R.
**Maschenprobe im Durchschnitt:** 22,5 M und 33,5 R = 10 x 10 cm.

**Rückenteil:** 134 (144) 154 M in Dunkelblau anschl und 12 cm = 40 R im gr Perlmuster str, dann in der Streifenfolge weiterarb. Für den Halsausschnitt nach 67 cm = 224 R ab Anschlag die mittl 34 (34) 36 M abk und jede Seite getrennt beenden. Für die Rundung am inneren Rand in jeder 2. R 1 x 3 (3) 5 und 1 x 2 M abk. Die restl je 45 (50) 52 Schulter-M nach 69 cm = 232 R ab Anschlag abk.

**Vorderteil:** Genauso arb, jedoch mit tieferem Halsausschnitt enden. Dafür bereits nach 62 cm = 208 R ab Anschlag die mittl 14 (14) 16 M abk und in jeder 2. R 1 x 5 (5) 7, 2 x je 3, 1 x 2 und 2 x je 1 M abk.

**Ärmel:** 64 (68) 72 M in Dunkelblau anschl und 8,5 cm = 28 R im gr Perlmuster str, dann in der Streifenfolge weiterarb. Gleichzeitig für die Ärmelschrägungen ab Anschlag beids 13 x in jeder 6. R und 18 x in jeder 4. R je 1 M mustergemäß zun = 126 (130) 134 M. Nach 46 cm = 154 R ab Anschlag alle M abk.

**Fertigstellung:** Je 5 Bäumchen in Schwarz mit doppeltem Faden im Spannstich lt Foto und Motivzeichnung auf Seite 102 auf Vorder- und Rückenteil sticken. Schulternähte schließen. Aus dem Halsausschnittrand mit der Rundstrick-N in Hellblau 108 (108) 120 M auffassen, 5 Rd gl li und noch 3 cm im Rippenmuster str, dann die M abk, wie sie erscheinen. Ärmel einsetzen, Seiten- und Ärmelnähte schließen.

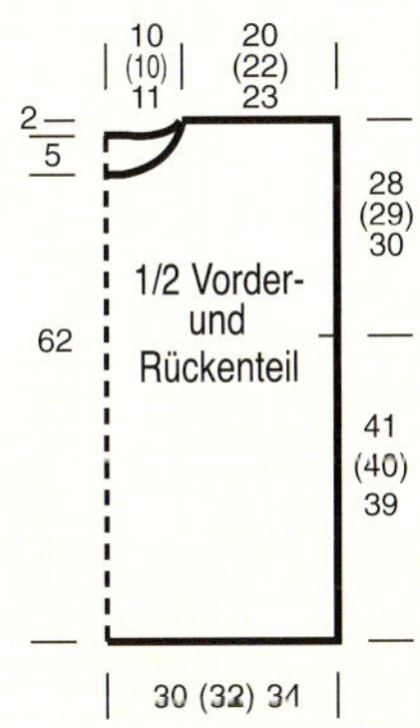


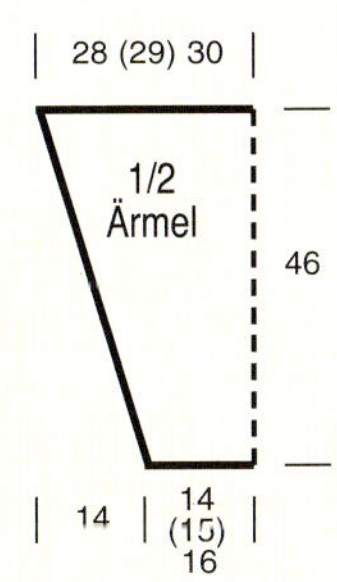


*Zählmuster zum Kinderpulli mit Käfern von Seite 102*

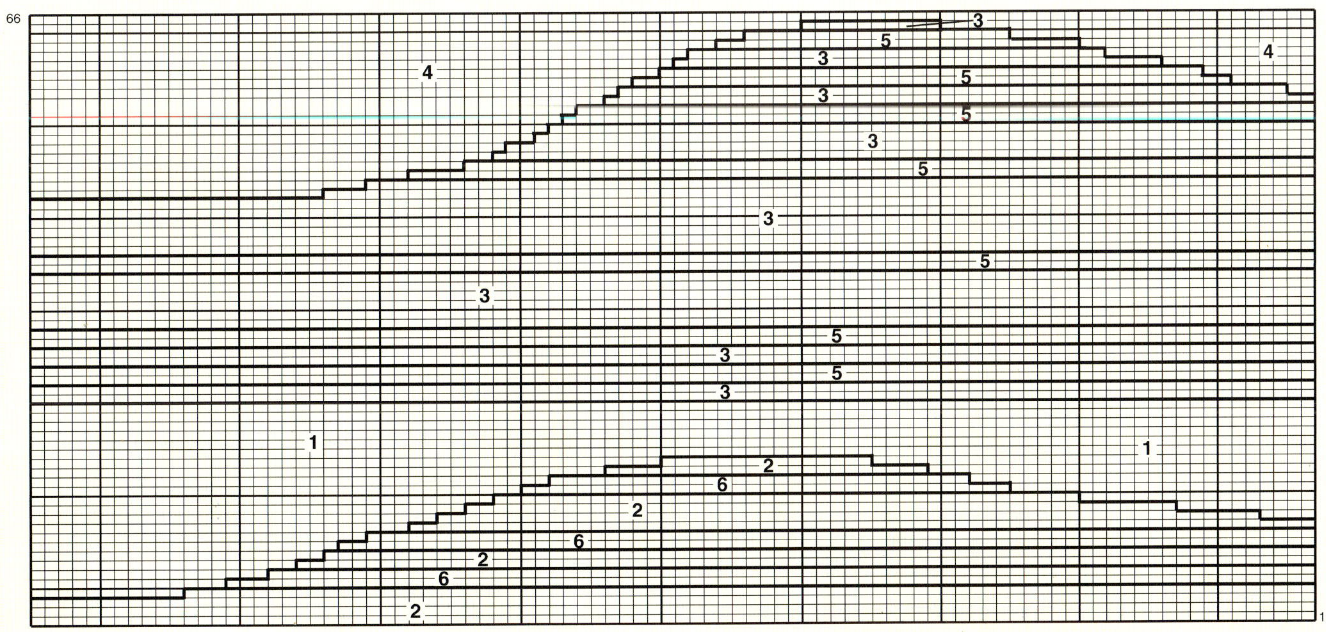

## Blauweiße Zopf-Socken

**Größe:** 43/44

**Material:**

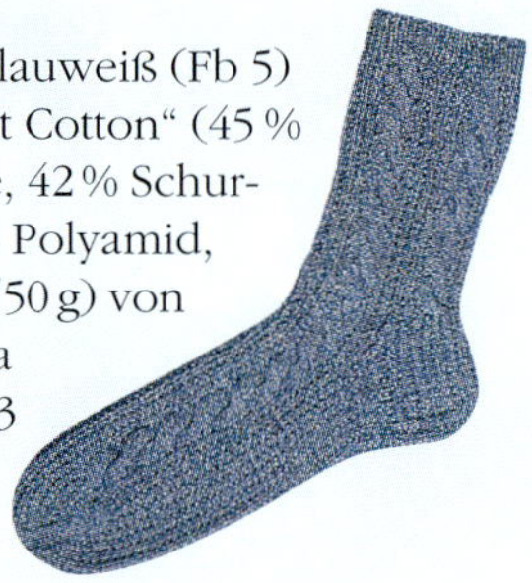

- Ca. 150 g blauweiß (Fb 5) „Meilenweit Cotton" (45 % Baumwolle, 42 % Schurwolle, 13 % Polyamid, LL = 190 m/50 g) von Lana Grossa
- N-Spiel Nr 3

**Rippenmuster**: 1 M re, 1 M li im Wechsel
**Gl re**: in Rd nur re M.
**Zopfmuster**: Gemäß Strickschrift den MS 1 stets wdh. In den geraden Rd alle M re str. Die 1.–10. Rd stets wdh.
**Streifenmuster**: Gemäß Strickschrift den MS 2 stets wdh. In den geraden Rd bzw. Rück-R alle M re bzw. li str. Die 1.+ 2. R / Rd stets wdh.
**Maschenprobe, gl re**: 30 M + 40 R = 10 x 10 cm.

**Ausführung**: Anschlag je 68 M (= 17 M pro N) und 2 cm Rippenmuster str. Dann im Zopfmuster weiterarb. Nach 15 cm ab Bund über den Zöpfen der 1.+ 4. N je 1 M abnehmen und für die Ferse über 32 M 28 R im Streifenmuster str. Die Socken nach den allgemeinen Strumpfregeln auf Seite 107 weiterstr. Nach der Ferse die M der 1.+ 4. N im Streifenmuster, die M der 2.+ 3. N im Zopfmuster weiterarb. Nach 22 cm ab Fersenmitte mit der Bandspitze im Streifenmuster beginnen, dabei über den Zöpfen je 1 M abnehmen = 64 M. Die Abnahmen noch 1 x in der 4. Rd, 2 x in jeder 3. Rd, 3 x in jeder 2. Rd, dann in jeder Rd wdh.

## Blaumelierte Socken

**Größe:** 37/38

**Material:**

- Ca. 100 g blaumeliert (Fb 313) „Meilenweit Cotton Fun“ (45 % Baumwolle, 42 % Schurwolle, 13 % Polyamid, LL = 190 m/50 g) von Lana Grossa
- N-Spiel Nr 2,5

**Gl re:** Hin-R re, Rück-R li; in Rd nur re M.
**Grundmuster:** Gemäß Strickschrift arb. In den geraden Rd die M str, wie sie erscheinen, U re str. Die 1.–4. Rd 1 x arb, dann die 3.+ 4. Rd stets wdh.
**Maschenprobe, gl re:** 30 M + 40 R = 10 x 10 cm.

**Ausführung:** Anschlag je 72 M (= 18 M pro N) und für den Rollrand 3 cm gl re str. Dann im Grundmuster weiterarb. Nach 15 cm ab Rollrand mit der Ferse beginnen, dabei über 36 M 24 R hoch str. Die Socken nach den allgemeinen Strumpfregeln auf Seite 107 weiterstr. Nach der Ferse die M der 1.+ 4. N gl re, die M der 2. + 3. N im Grundmuster weiterarb. Nach 19 cm ab Fersenmitte mit der Bandspitze beginnen.

## Blaugrünmelierte Socken

**Größe:** 42/43

**Material:**

- Ca. 150 g blaugrünmeliert (Fb 308) „Meilenweit Cotton Fun“ (45 % Baumwolle, 42 % Schurwolle, 13 % Polyamid, LL = 190 m/50 g) von Lana Grossa
- N-Spiel Nr 2,5

**Gl re:** Hin-R re, Rück-R li; in Rd nur re M
**Grundmuster: 1. Rd:** *2 M re, 2 M mit je 1 U li abheben, ab * wdh
**2. Rd:** *2 M mit je 1 U li abheben, 2 x die M mit dem U li zusstr, ab * wdh
**3. Rd:** *2 x die M mit dem U re zusstr, 2 M mit je 1 U li abheben, ab * wdh. Die 2. + 3. Rd stets wdh.
**Maschenprobe, gl re:** 30 M + 40 R = 10 x 10 cm.

**Ausführung:** Anschlag je 72 M (= 18 M pro N) und im Grundmuster str. Nach 17 cm ab Anschlag mit der Ferse beginnen, dafür über 36 M 30 R hoch str. Die Socken nach den allgemeinen Strumpfregeln auf Seite 107 weiterstr. Nach der Ferse die M der 1.+ 4. N gl re, die M der 2.+ 3. N im Grundmuster weiterarb. Nach 22 cm ab Fersenmitte mit der Bandspitze beginnen.

**Fertigstellung:** Den Schaft ca. 4 cm nach außen schlagen.

## Hellblaue Zopf-Socken

**Größe:** 42/43

**Material:**

- Ca. 150 g hellblau (Fb 29) „Meilenweit Cotton“ (45 % Baumwolle, 42 % Schurwolle, 13 % Polyamid, LL = 190 m/50 g) von Lana Grossa
- N-Spiel Nr 3

**Rippenmuster:** 1 M re, 1 M li im Wechsel **Zopfmuster:** Gemäß Strickschrift arb. In den geraden Rd alle M re str. Die 1.–20. Rd stets wdh.
**Maschenprobe, gl re:** 30 M + 40 R = 10 x 10 cm.

**Ausführung:** Anschlag je 64 M (= 16 M pro N) und 2 cm Rippenmuster str, dabei in der letzten Rd 1 M zunehmen = 65 M. Dann im Zopfmuster weiterarb. Nach 15 cm ab Bund die M so einteilen, dass in der hinteren Fersenmitte ein Zopf liegt: 1. N 17 M, 2.–4. N je 16 M. Nun auf der 1.+ 4. N je 1 M abnehmen und für die Ferse über 31 M 26 R im Rippenmuster str, dann die Socken nach den allgemeinen Strumpfregeln auf Seite 107 weiterstr. Nach der Ferse die M der 1.+ 4. N im Rippenmuster, die M der 2.+ 3. N im Zopfmuster mit beids 1 M re weiterarb. Nach 22 cm ab Fersenmitte auf der 2. N noch 1 M abnehmen = 62 M, und im Rippenmuster mit der Bandspitze beginnen.

*Strickschrift für blau-weiße Zopfsocken*

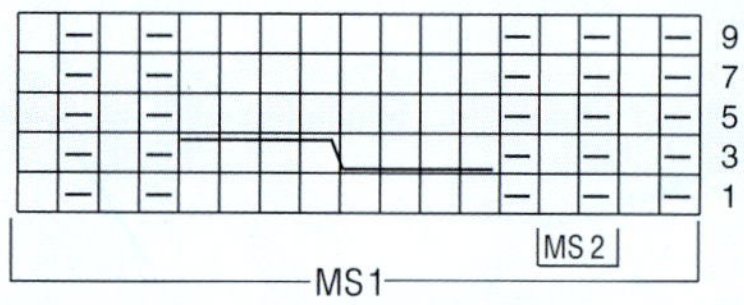


*Strickschrift für blaumelierte Socken*

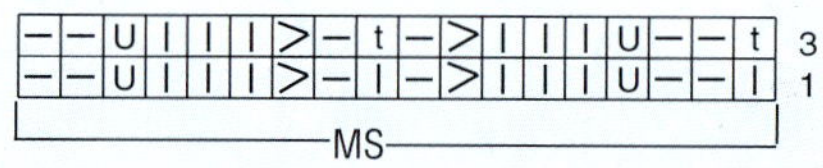


*Strickschrift für hellblaue Zopf-Socken*

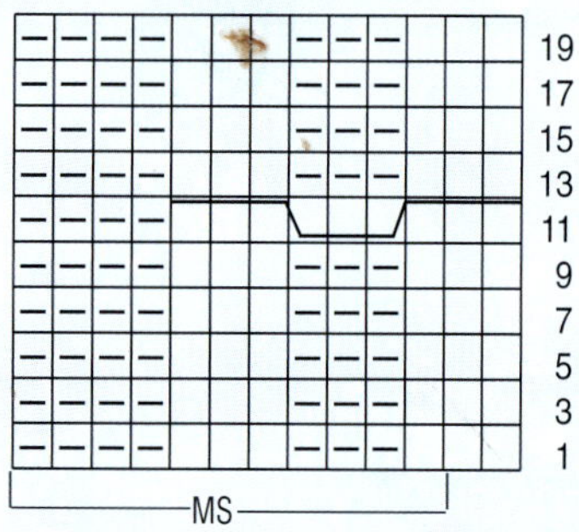


*Zeichenerklärung für alle Strickschriften*

I + □ = *1 M re* — = *1 M li*

*= 4 M auf 1 Hilfs-N vor die Arb legen, 4 M re, die M der Hilfs-N re*

U = *1 Umschlag*

t = *1 tM: 1 M re str, jedoch 1 Rd tiefer einstechen*

> = *2 M li zusstr*

*= 3 M auf 1. Hilfs-N vor und 3 M auf 2. Hilfs-N hinter die Arb legen, 3 M re, dann die M der 2. Hilfs-N li und die M der 1. Hilfs-N re str*

# Allgemeine Strumpfregeln

***1. Größe***
*Die Fußlänge, bei Socken in Zentimetern gemessen, berechnet man folgendermaßen: Schuhgröße geteilt durch 3 mal 2 = Zentimeterlänge. Beispiel: Schuhgröße 42 entspricht einer Fußlänge von 28 cm.*

***2. Fersenwand***
*Die Fersenwand über die Hälfte der angeschlagenen M str, d. h. die M der 2. und 3. N stilllegen und über die M der 1. und 4. N gl re oder wie angegeben str. Man str 2 R weniger als M auf diesen N liegen bzw. so viele cm wie angegeben.*

***3. Fersenkäppchen***
*Über die mittl M bzw. das mittl Drittel der Fersenwand das Käppchen gl re str. * Die letzte M des Käppchens mit der folg M re verschr zusstr, wenden, die erste M li abheben, die letzte M des Käppchens mit der folg M li zusstr, wenden, die erste M re abheben, ab * wdh bis nur noch die M des Käppchens übrig sind.*

***4. Zwickel***
*Für den Zwickel str man wieder in Rd, dafür zunächst aus den seitl Kanten der Fersenwand so viele M auffassen wie angegeben bzw. aus jeder 2. R 1 M plus 1 M zusätzlich. Nun in jeder 2. Rd die letzten 2 M der 1. N re zusstr und die ersten 2 M der 4. N re überzogen zusstr (= 1 M re abheben, 1 M re, die abgehobene M überziehen). Der Zwickel ist beendet, sobald die ursprüngliche Maschenzahl wieder erreicht ist.*

***5. Bandspitze***
*Die Bandspitze gl re str und für die Bandabnahmen jeweils die dritt- und zweitletzte M der 1. und 3. N re zusstr sowie die zweite und dritte M der 2. und 4. N re überzogen zusstr. Wenn nicht anders angegeben, die Abnahmen in jeder 2. Rd ausführen, bis nur noch die Hälfte der M auf der N sind, dann in jeder Rd abnehmen. Die letzten M entweder im M-Stich zusnähen oder mit dopp Faden zusziehen.*

## Größentabelle für Socken

*Maschenprobe: 30 Maschen und 42 Reihen/Runden = 10 x 10 cm*

| Größe | 20/21 | 22/23 | 24/25 | 26/27 | 28/29 | 30/31 | 32/33 | 34/35 | 36/37 | 38/39 | 40/41 | 42/43 | 44/45 | 46/47 |
|---|---|---|---|---|---|---|---|---|---|---|---|---|---|---|
| Fußlänge | 13 | 14,5 | 15,5 | 17 | 18 | 19,5 | 21 | 22 | 23,5 | 25 | 26,5 | 27,5 | 28,5 | 30 |
| Maschenanschlag | 40 | 44 | 48 | 48 | 52 | 52 | 56 | 56 | 60 | 60 | 64 | 64 | 68 | 72 |
| Fersenwandbreite in Maschen | 20 | 22 | 24 | 24 | 26 | 26 | 28 | 28 | 30 | 30 | 32 | 32 | 34 | 36 |
| Fersenwandhöhe in Reihen | 18 | 20 | 22 | 22 | 24 | 24 | 26 | 26 | 28 | 28 | 30 | 30 | 32 | 34 |
| Maschenzahl für das Käppchen | 8 | 8 | 8 | 8 | 8 | 8 | 10 | 10 | 10 | 10 | 10 | 10 | 12 | 12 |
| Maschenaufnahme beidseitig | 10 | 11 | 12 | 12 | 13 | 13 | 14 | 14 | 15 | 15 | 16 | 16 | 17 | 18 |
| Fußlänge von Fersenmitte bis Spitzenbeginn in cm | 10 | 11,5 | 12,5 | 14 | 14 | 15,5 | 17 | 18 | 18,5 | 20 | 21 | 22 | 22,5 | 24 |

*Maschenprobe: 22 Maschen und 30 Reihen/Runden = 10 x 10 cm*

| Größe | 22/23 | 24/25 | 26/27 | 28/29 | 30/31 | 32/33 | 34/35 | 36/37 | 38/39 | 40/41 | 42/43 | 44/45 | 46/47 |
|---|---|---|---|---|---|---|---|---|---|---|---|---|---|
| Fußlänge | 14,5 | 15,5 | 17 | 18 | 19,5 | 21 | 22 | 23,5 | 25 | 26,5 | 27,5 | 28,5 | 30 |
| Fersenwandbreite in Maschen | 16 | 18 | 18 | 20 | 20 | 22 | 22 | 24 | 24 | 26 | 26 | 28 | 28 |
| Fersenwandhöhe in Reihen | 14 | 16 | 16 | 18 | 18 | 20 | 20 | 22 | 22 | 24 | 24 | 26 | 26 |
| Maschenzahl für das Käppchen | 6 | 6 | 6 | 8 | 8 | 8 | 8 | 8 | 8 | 10 | 10 | 10 | 10 |
| Maschenaufnahme beidseitig | 8 | 9 | 9 | 10 | 10 | 11 | 11 | 12 | 12 | 13 | 13 | 14 | 14 |
| Fußlänge von Fersenmitte bis Spitzenbeginn: | 12 | 12 | 13,5 | 14 | 15 | 16,5 | 17 | 18 | 20 | 21,5 | 22,5 | 23 | 24,5 |

# Register


Abketten . . . . . . . . . . . . . . . . . 24
Abkürzungen . . . . . . . . . . . . . . 13
Abnehmen . . . . . . . . . . . . . . . . 25
• 2 Maschen abnehmen . . 25, 26
• 3 Maschen abnehmen . . . . . 26
Ajourmuster . . . . . . . . . . . . . . . 50
• Mustervariationen . . . . . 74-77
Allgemeine Strumpfregeln . . . 107
Anleitungen für Modelle . . . . . . 70
Ärmel einsetzen . . . . . . . . . . . . 43
• Ärmelkugel . . . . . . . . . . . . 43
• Ärmel, gerade . . . . . . . . . . 43
Aufstricken . . . . . . . . . . . . . . . 20
Ausschnitte, rund . . . . . . . . . . . 28
Ausschnitte, V-Form . . . . . . . . . 30

Berechnen der Schnittform . . 27
Biesen . . . . . . . . . . . . . . . . . . . 56
• Mustervariation . . . . . . . 84-85
Blenden . . . . . . . . . . . . . . . . . . 28
• rund . . . . . . . . . . . . . . . . . 28
• V-förmig . . . . . . . . . . . . . . 30
• gestrickt . . . . . . . . . .28, 30, 31
• gehäkelt . . . . . . . . . . . . . . 29

Dämpfen . . . . . . . . . . . . . . . . 41

Farbflächen . . . . . . . . . . . . . . 94
• Technik . . . . . . . . . . . . . . . 45
• Modell . . . . . . . . . . . . . . . . 95
Fäden ansetzen . . . . . . . . . . . . 40
Fäden verkreuzen . . . . . . . . . . . 45
Fäden vernähen . . . . . . . . . . . . 40
Fadenenden einweben . . . . . . . 40
Fäustlinge . . . . . . . . . . . . . . . . 68
Fransen . . . . . . . . . . . . . . . . . . 62

Garne . . . . . . . . . . . . . . . . . . . 8
Grundmaschen . . . . . . . . . . . . . 18
• Mustervariationen . . . . . 70-73

Halbpatentmuster . . . . . . . . . 34
Halsausschnitte . . . . . . . . . . . . 28
• rund . . . . . . . . . . . . . . . . . . 28
• spitz . . . . . . . . . . . . . . . . . . 30
Hebemaschen . . . . . . . . . . . . . 48
• Mustervariationen . . . . .98- 99

Jaquardmuster . . . . . . . . . . . . .4 6
• Mustervariationen . . . . . 78-81

Kettenrand . . . . . . . . . . . . . . . 19
Knopflöcher . . . . . . . . . . . . . . . 36
• mit abgeketteten Masche . . 36
• in mitgestrickter Verschlussblende . . . . . . . . . . . . . . . . 37
• mit Umschlägen . . . . . . . . . 37
Knötchenrand . . . . . . . . . . . . . 19
Konfektionieren . . . . . . . . . . . . 40
Krebsmaschen häkeln . . . . . . . 29
Kreuzanschlag, doppelt . . . . . . 16

Lesen von Strickschriften . . . . 13
Linke Maschen . . . . . . . . . . . . . 18

Maschenprobe . . . . . . . . . . . . 12
Maschenstich . . . . . . . . . . . . . . 42
Maßtabellen . . . . . . . . . . . . . . . 27
Materialkunde . . . . . . . . . . . . . . 8
Matratzenstich . . . . . . . . . . . . . 42
Modelle . . . . . . . . . . . . . . . 70-107

Nadelmaß . . . . . . . . . . . . . . . . 11
Nähte schließen . . . . . . . . . . . . 42
Nähte im Maschenstich . . . . . . . 42
Nähte im Matratzenstich . . . . . . 42
Noppen stricken . . . . . . . . . . . . 54
• Mustervariationen . . . . . 90-93

Patentmuster . . . . . . . . . . . . . 56
• Mustervariationen . . . . . 82-83
Pflege-Tipps . . . . . . . . . . . . . . . 9
Pompons . . . . . . . . . . . . . . . . . 65

Quasten . . . . . . . . . . . . . . . . . 62
• schwarze . . . . . . . . . . . . . . 63
• bunte . . . . . . . . . . . . . . . . 64

Raglanschrägung . . . . . . . . . . 34
Randmaschen . . . . . . . . . . . . . . 18
• Kettenrand . . . . . . . . . . . . . 19
• Knötchenrand . . . . . . . . . . . 19
Rechte Maschen . . . . . . . . . . . . 18
Reißverschlüsse einnähen . . . . 38
• Einfacher Einsatz . . . . . . . . 38
• Mit Häkelblende . . . . . . . . . 39

Schulternähte schließen . . . . . 42
Socken . . . . . . . . . . . . . . . . . . . 66
• Mustervariationen . . . . 104-106
• Modellvariationen . . . . . . . 104
• Allgemeine Strumpfregeln . 107
Spannen . . . . . . . . . . . . . . . . . . 41
Sticken . . . . . . . . . . . . . . . . . . . 58
• Sticken auf Maschen . . . . . . 58
• Stickmotive übertragen . . . . 60
• Mustervariationen . . . . 100-103
Streifen mit Farbwechsel . . . . . 44
• Mustervariationen . . . . . 96-97
• Querstreifen . . . . . . . . . . . . 44
• Längsstreifen . . . . . . . . . . . 45
Strickmuster . . . . . . . . . . . . . . . 50
Stricknadeln . . . . . . . . . . . . . . . 10
Strickschriften lesen . . . . . . . . . 13

Tasche . . . . . . . . . . . . . . . . . . 32
• eingestrickt . . . . . . . . . . . . . 32
• Taschenrückwand . . . . . . . . 32

V-Ausschnittblenden . . . . . . . 30
• übereinander liegend . . . . . 30
• mit Mittelmasche . . . . . . . . 31
Verschränkte Maschen . . . . . . . 19

Waschen und Trocknen . . . . . . 9

Zeichenerklärungen . . . . 70-107
Zopfmuster . . . . . . . . . . . . . . . 52
• Mustervariationen . . . . . 86-89
Zubehör . . . . . . . . . . . . . . . . . . 11
Zunahmen . . . . . . . . . . . . . . . . 20
• am Rand . . . . . . . . . . . . . . . 20
• innerhalb der Arbeit . . . . . . 22

ISBN 3-89858-687-1
ISBN 978-3-89858-687-0 (gültig ab 1.1.2007)

ISBN 3-89858-718-5
ISBN 978-3-89858-718-1 (gültig ab 1.1.2007)

ISBN 3-89858-328-7
ISBN 978-3-89858-328-2 (gültig ab 1.1.2007)

In unserem Verlagsprogramm finden Sie viele weitere Bücher aus der Welt der Handarbeiten.
www.oz-verlag.de

# Herstellerverzeichnis

*Alle Garne:*

**Lana Grossa GmbH**
Ingolstädter Str. 86
D-85080 Gaimersheim
Internet: www.lanagrossa.de

Alle Materialien erhältlich in führenden Fachgeschäften in Deutschland, Österreich, Schweiz, Luxemburg, Belgien und den Niederlanden. Adressen in Ihrer Nähe erhalten Sie über das Verzeichnis im Internet oder per Telefon: 08458/61-0

*Alle INOX-Nadeln:*

**Prym-Consumer GmbH & Co. KG**
Postfach 17 40
52220 Stolberg

Alle Nadeln sind in Handarbeitsgeschäften oder den entsprechenden Abteilungen der Kaufhäuser erhältlich.

# Impressum


**Entwürfe:**
Sabrina Entwurfs-Team: Seite 68, 69, 75, 77, 79, 81, 83, 87, 91, 95, 98, 99, 101
Dagmar Scholz: Seite 70, 71, 73, 85, 89, 93
Ursula Huber: Seite 78
Petra Bäck: Seite 97
Janne Graf: Seite 105

**Fotos:**
Peter Münnich: Seite 68, 69, 71, 74- 91, 95, 98-101
Petra Obermüller: Seite 73, 78, 97
Olaf Junker: Seite 85
Hermann Mareth: Seite 70
Uzwei Fotodesign, Uli Glasemann: Seite 4, 5, 10-67
Fotostudio Erwin Wehinger: Seite 2, 3, 6, 7, 8, 9, 105

**Styling:**
Gabriele Hagen-Klotz: Seite 68, 69, 71, 74- 79, 83, 85, 87, 91, 95, 98-101
Gabriele Baldes: Seite 81, 89
Almaz Werner: Seite 73, 78
Beate Kemmer: Seite 97
Marliese Vogt: Seite 70
Kirsten Galle: Seite 2, 3, 6, 7, 8, 9, 105

**Produktion Stepps:**
Seite 12-96: Evelyne Erb

**Konzept:**
Gundula Steinert

**Korrektur:**
Arnhilt Tittes, Gundula Steinert

**Programmleitung:**
Susanne Klar

**Lektorat:**
Ulrike Bogatz

**Umschlaggestaltung:**
Christiane Kölble

**Layout und Produktion:**
art und weise, Freiburg

**Schäfchen-Illustrationen:**
Werner Schultze

**Druck und Verarbeitung:**
J. P. Himmer, Augsburg

**ISBN 3-89858-327-9**
**ISBN 978-3-89858-327-5**
(gültig ab 1.1.2007)

**3. Auflage 2006**